memoria argentina

colección dirigida por
Alberto Casares

Ulrico Schmidl

Viaje al Río de la Plata

Ulrico Schmidl

Viaje al Río de la Plata

emecé editores

El relato de Ulrico Schmidl, soldado bávaro que participó en la expedición de Pedro de Mendoza y describe los pormenores de la primera fundación de Buenos Aires, constituye el primer libro escrito sobre el Río de la Plata. Con una prosa llena de gracia e interés, el veterano mercenario, de regreso en su país natal, rememoró sus azarosas aventuras dejando un testimonio realmente excepcional.

La obra de Schmidl fue escrita en alemán. Se conservan tres manuscritos en Stuttgart, Hamburgo y Munich. La primera edición impresa se publicó en 1567 en una colección de viajes en dos volúmenes editada en Frankfurt por Sigmund Feyerabend y Simon Hüter. La segunda edición alemana apareció como séptima parte de la colección de grandes viajes de Dietrich (Teodoro) de Bry en 1597. El texto fue dividido en treinta y tres capítulos e ilustrado con cuatro grabados imaginarios.

Dos años después, De Bry realizó una nueva edición en latín. En el mismo año 1599 aparecieron también las ediciones alemana (la tercera en ese idioma) y latina de Levinus Hulsius, ilustradas con un mapa y dieciocho grabados intercalados en el texto. En la presente edición hemos optado por rescatar las ilustraciones de De Bry, menos difundidas que los conocidos grabados de la edición de Hulsius.

9

El libro de Schmidl ha tenido en nuestro país varias ediciones, entre las que cabe recordar: *Viaje al Río de la Plata, 1534-1554*, notas bibliográficas y biográficas por Bartolomé Mitre, prólogo, traducción y anotaciones por Samuel A. Lafone Quevedo, Buenos Aires, Cabaut y Cía. editores, Librería del Colegio, 1903, que fue el primer intento de una traducción seria. *Derrotero y viaje a España y las Indias*, traducido del alemán según el manuscrito original de Stuttgart y comentado por Edmundo Wernicke, prólogo de Josué Gollán (h), Universidad del Litoral, Instituto Social, Santa Fe, 1938, traducción más moderna, tomada de un original distinto. *Crónica del viaje a las regiones del Plata, Paraguay y Brasil*, reproducción y versión paleográfica del manuscrito de Stuttgart traducido al castellano por Edmundo Wernicke con anotaciones críticas, precedido de estudios publicados en Alemania y Argentina, Buenos Aires, Talleres Peuser S.A., 1948, importante aporte documental realizado por la Comisión Oficial del IV Centenario de la primera fundación de Buenos Aires bajo el impulso de Rómulo Zabala y Emilio Ravignani.

En 1942 Emecé publicó *Viaje al Río de la Plata*, con las ilustraciones de Hulsius, en el pequeño formato característico de la colección Buen Ayre, con una noticia de su codirector Luis M. Baudizzone. La presente edición reproduce dicho texto, dividido en cincuenta y cinco breves capítulos, con la noticia citada. Está hecha sin pretensiones eruditas, a fin de dar al público una versión accesible de la obra, sin modificar su espíritu.

Noticia*

La conquista de América fue tema atrayente para cronistas y relatores. *Desde el Diario donde, en nocturnas soledades, anotaba el Almirante sus dudas y sus esperanzas, hasta las orgullosas cartas de Cortés, todos los hechos e imaginamientos que ocurrían en el Nuevo Mundo se fueron enhebrando en exposiciones y relatos. Entre todos, hay dos que tienen una señal particular. Uno, el de Bernal Díaz del Castillo a propósito de Nueva España; otro, el que sobre el Río de la Plata escribió Ulrico Schmidl, ya maduro, de nuevo bajo el sonido de sus campanas natales, con la magra ayuda de anotaciones que solamente le recordaban las leguas andadas y los nombres extraños a su idioma.*

Los otros libros son de "clérigos" avezados a las humanidades, que habían oído la voz de Erasmo o habían departido con los Valdés sobre los principios de la política imperial. Para ellos, la conquista es un hecho que termina con la gloria reportada; hombres modernos, sabían que tras el oro hay una vida placentera y dichosa, el poder y hasta el paraíso: ya había dicho Colón que con el oro hasta las ánimas

*Aparecida en la edición de Colección Buen Ayre, 1942.

11

del purgatorio se echa. Pero debajo de los héroes epónimos, está la enorme masa anónima de aventureros y soldados, que tuvo una actitud diferente. Por las venas de estos hombres del "común" todavía corría la tumultuosa sangre de la Edad Media, que en sus jefes ya había sedimentado la enseñanza de los humanistas. Son ellos, en su contacto diario con el Nuevo Mundo, quienes dejaron la huella más profunda, pese a pragmáticas y ordenanzas; son ellos quienes hicieron de la conquista la última gran empresa medioeval. Éste es el mundo que muestran los libros de Bernal del Castillo y de Schmidl, dos soldados de fortuna que vienen desde ciudades aún enclavadas en el 400; de allí surge la importancia que la masa tuvo en la conquista. Se revela como una actitud deliberadamente polémica en Bernal Díaz; fluye de los plurales orgullosos de Schmidl, cuando habla de las decisiones tomadas por "nosotros los soldados y nuestro capitán". Fue este "común" quien dejó su lenguaje, sus sentimientos, sus costumbres, definitivamente arraigados en el continente descubierto justamente al filo de dos épocas.

Todavía tienen otro aspecto fundamental estos dos libros escritos por soldados: muestran las dos caras de la conquista. Cortés y sus hombres encontraron en el Norte un imperio maduro y refinado, con una civilización que en poco cedía a la de los conquistadores, con ciudades populosas y ejércitos disciplinados a los que había que vencer invocando el nombre de Dios y de la pólvora. E inmediatamente, el plácido goce de la victoria. Al Sur, en cambio, sólo encontraron tribus de salvajes que buscaban en la *huida su salvación y que, acorralados, hablaban del oro y la plata como de algo que sólo poseían otras tribus siempre más allá. Al Norte, los conquistadores heredaban imperios; al Sur, la muerte y el hambre los esperaban en cada recodo del oscuro Paraná. Esta doble visión surge patética de ambos libros. Bernal Díaz cuenta costumbres pintorescas, se deleita con los paisajes, y para él el recuerdo es dulce consuelo: "Muchas veces, agora que soy viejo, me paro a considerar las cosas heroicas que en aquel tiempo pasaron, que me parece las veo presentes". Schmidl, en cambio, recuerda solamente sus marchas inacabables y la pobreza en carne y pescado que debían arrancar a los indios en una desesperada carrera por la vida; sólo accidentalmente las mujeres Timbús le merecen más que un recuerdo descriptivo...*

Hoy se levantan ciudades por las solitarias tierras que un día miró Schmidl con ojos asombrados. Que su espíritu, reposando en algún remoto Walhalla destinado a los héroes con tacha y sin miedo, se alegre con esta última aventura, la de su libro, en ese Buenos Aires que edificaron trabajosamente él y sus compañeros.

L. B.

Desde Amberes hasta España tardé catorce días, llegando a una ciudad que se llama Cádiz. Desde Amberes hasta dicha ciudad de Cádiz se calcula que hay cuatrocientas leguas por mar. Cerca de esta ciudad había catorce buques grandes, bien pertrechados con toda la munición y bastimentos necesarios, que estaban por navegar hacia el Río de la Plata en las Indias.

En que se trata de la ruta y viaje que yo, Ulrico Schmidl, de Straubing, hice en el año 1534, A. D., partiendo el 2 de agosto de Amberes, arribando per mare a España y más tarde a las Indias, todo por la voluntad de Dios Todopoderoso. También de lo que ha ocurrido y sucedido a mí y mis compañeros, como se cuenta más adelante.

I

Primeramente habréis de saber que desde Amberes hasta España tardé catorce días, llegando a una ciudad que se llama Cádiz. Desde Amberes hasta dicha ciudad de Cádiz se calcula que hay cuatrocientas leguas por mar. Cerca de esta ciudad había catorce buques grandes, bien pertrechados con toda la munición y bastimentos necesarios, que estaban por navegar hacia el Río de la Plata en las Indias. También se hallaban allí dos mil quinientos españoles y ciento cincuenta entre alto-alemanes, neerlandeses y austríacos o sajones; y nuestro supremo capitán, de alemanes

15

y españoles, se llamaba don Pedro Mendoza. Entre esos catorce buques, uno pertenecía al señor Sebastián Neithart y al señor Jacobo Welser, de Nuremberg, quienes enviaban a un factor, Enrique Paime, al Río de la Plata, con mercaderías: en ese buque de los dichos señores Sebastián Neithart y Jacobo Welser hemos navegado hacia Río de la Plata yo y otros alto-alemanes y neerlandeses, unos ochenta hombres, bien pertrechados con armas de fuego y de otras clases. Así partimos de Sevilla en el año 1534 en catorce buques con el dicho señor y capitán general don Pedro Mendoza. El día de San Bartolomé llegamos a una ciudad en España que se llama San Lúcar, a veinte leguas de Sevilla. Allí hemos quedado anclados, a causa de la fuerza del viento, hasta el primer día de septiembre de dicho año.

II

Después que partimos de dicha ciudad de San Lúcar, llegamos a tres islas que están juntas unas con otras. La primera se llama Tenerife, la otra Gomera y la tercera La Palma; desde la ciudad de San Lúcar a esas islas hay más o menos doscientas leguas. Los habitantes de ellas son españoles puros, así como sus mujeres e hijos, y hacen azúcar; las islas pertenecen también a la Cesárea Majestad. Con tres buques fuimos a La

Palma y allí permanecimos y reparamos los barcos.

Cuando nuestro general don Pedro Mendoza ordenó que nos acercáramos, pues estábamos a unas ocho o nueve leguas de distancia los unos de los otros, resultó que a bordo de nuestro buque venía don Jorge Mendoza, primo de nuestro general don Pedro Mendoza. Este Jorge Mendoza andaba en amores con la hija de un rico vecino de La Palma y, cuando al día siguiente quisimos ponernos en marcha, resultó que el susodicho don Jorge Mendoza había bajado a tierra a medianoche, acompañado por doce secuaces, e ido a la casa de ese vecino de La Palma, trayéndose al buque a la hija de ese vecino y a su doncella, con todas sus joyas, vestidos y dinero. Subieron al buque a escondidas, en tal forma que ninguno de nosotros, ni el capitán Enrique Paime, nos enteramos de nada; el único que pudo saberlo era quien montaba la guardia durante la noche, pues esto ocurrió a medianoche.

Partimos a la mañana siguiente, y apenas nos habíamos alejado una o dos leguas cuando nos tomó un fuerte ventarrón y tuvimos que regresar al mismo puerto de donde habíamos partido, largando allí anclas. Nuestro capitán Enrique Paime quiso bajar a tierra en un barquito de esos llamados bote o batel, y cuando quiso desembarcar vio en la costa a unos treinta hombres, bien armados con arcabuces y alabardas,

17

quienes querían prenderlo. Así se lo advirtió uno de los marineros, diciéndole que no tocara la costa, pues tenían intención de apresarlo. Nuestro capitán quiso volver inmediatamente a su buque, pero no pudo hacerlo tan pronto como deseaba, porque los que estaban en la costa subieron a unos botes que tenían preparados; pero así y todo el referïdo capitán Enrique Paime pudo escapar y subir a otro buque que estaba más cerca de la costa que el suyo propio, así que no pudieron prenderlo. En la ciudad de Las Palmas hicieron tocar las campanas a rebato, cargaron dos piezas de artillería y dispararon cuatro cañones contra nuestro buque, pues no estábamos lejos de la tierra. Con el primer tiro, hicieron pedazos la vasija del agua que, siempre llena de cinco o seis cubas de agua fresca, el buque lleva en la popa. Con otro tiro, hicieron pedazos el palo de mesana, que es el último mástil hacia la popa del buque. Con el tercer tiro dieron en el medio del buque y abrieron un gran agujero, matando un hombre; con el cuarto no acertaron.

A costado del nuestro había dos buques, que también estaban por navegar hacia Nueva España en Méjico, y su capitán había bajado a tierra con ciento cincuenta hombres. Ellos arreglaron las paces entre nosotros y los de la ciudad, prometiendo que les entregarían a don Jorge Mendoza, a la hija del vecino y a su doncella.

18

Así vinieron a nuestro buque el regidor y el alcalde y también nuestro capitán y el otro capitán, y quisieron apresar a don Jorge Mendoza y a su querida. Pero éste contestó al alcalde que ella era ya su esposa de cuerpo y ella dijo lo mismo. Entonces se los casó de inmediato; pero el padre quedó muy triste. Nuestro buque quedó muy estropeado por los cañonazos.

III

Después de esto dejamos en tierra a don Jorge Mendoza y su esposa: nuestro capitán no quiso dejarlos viajar más en su buque.

Reparamos nuevamente nuestro barco y navegamos hacia una isla que se llama San Jacobo —o, en su forma española, Santiago— que pertenece al rey de Portugal, donde hay una ciudad. Los portugueses la mantienen en su poder y a ellos están sometidos los negros africanos que la habitan. Allí permanecimos cinco días, y volvimos a cargar provisión fresca de carne, pan, agua y todo lo que es necesario en alta mar.

IV

Allí se reunieron los catorce buques de la flota y salimos al mar. Navegamos dos meses, hasta que llegamos a una isla donde hay solamente aves, que matamos a palos, y donde permanecimos tres días. Allí no hay gentes, y la isla tiene unas seis leguas de ancho; queda a unas mil quinientas leguas de camino de la antes nombrada isla de Santiago.

En este mar se encuentran peces voladores y peces grandes como ballenas, y peces que se llaman peces-sombrero, pues tienen sobre la cabeza un gran disco fortísimo que parece un sombrero de paja. Con este disco pelean con los otros peces; son muy grandes, fuertes y valientes. Hay también otros peces que tienen sobre su lomo una cuchilla de hueso de ballena, y en español se llaman peces-espada. También hay otro que tiene una sierra sobre el lomo, hecha de hueso de ballena, pez grande y malo que en español se llama pez-sierra. Fuera de ésos, hay en estos parajes otras muchas clases de peces, que no describiré en esta ocasión.

V

De esta isla navegamos luego a otra que se llama Río Janeiro, y los indios se llaman tupís, donde estuvimos como catorce días. Ordenó allí don Pedro Mendoza que nos gobernara en su lugar don Juan Osorio, quien era como su propio hermano, pues él se encontraba enfermo, tullido y decaído. Pero el referido Juan Osorio fue calumniado y denunciado a su hermano jurado, don Pedro Mendoza, como que pensara levantar y amotinar la gente contra él. Por esto don Pedro Mendoza ordenó a otros cuatro capitanes, llamados Juan Ayolas, Juan Salazar, Jorge Luján y Lázaro Salvago, que apuñalaran al referido Juan Osorio y lo dejasen tendido en medio de la plaza por traidor; pregonando y ordenando que nadie se moviera ni protestase a favor de dicho capitán Juan Osorio, pues correría igual suerte. Se le hizo injusticia, como bien sabe Dios Todopoderoso; era un recto y buen militar y siempre trató muy bien a los soldados. ¡Dios sea con él clemente y misericordioso!

VI

Desde allí zarpamos al Río de la Plata, y después de navegar quinientas leguas llegamos a un río dulce que se llama Paraná Guazú y tiene una anchura de cuarenta y dos leguas en su desembocadura al mar. Allí dimos en un puerto que se llama San Gabriel, donde anclaron nuestros catorce buques, y de inmediato nuestro capitán general don Pedro Mendoza ordenó y dispuso que los marineros condujesen la gente a la orilla en los botes, pues los buques grandes solamente podían llegar a una distancia de un tiro de arcabuz de la tierra; para eso se tienen los barquitos que se llaman bateles o botes.

Desembarcamos en el Río de la Plata el día de los Santos Reyes Magos en 1535. Allí encontramos un pueblo de indios llamados charrúas, que eran como dos mil hombres adultos; no tenían para comer sino carne y pescado. Éstos abandonaron el lugar y huyeron con sus mujeres e hijos, de modo que no pudimos hallarlos. Estos indios andan en cueros, pero las mujeres se tapan las vergüenzas con un pequeño trapo de algodón, que les cubre del ombligo a las rodillas. Entonces don Pedro Mendoza ordenó a sus capitanes que reembarcaran a la gente en los buques y se la pusiera al otro lado del río Paraná, que en ese lugar no tiene más de ocho leguas de ancho.

VII

Allí levantamos una ciudad que se llamó Buenos Aires: esto quiere decir buen viento. También traíamos de España, sobre nuestros buques, setenta y dos caballos y yeguas, que así llegaron a dicha ciudad de Buenos Aires. Allí, sobre esa tierra, hemos encontrado unos indios que se llaman querandís, unos tres mil hombres con sus mujeres e hijos; y nos trajeron pescados y carne para que comiéramos. También estas mujeres llevan un pequeño paño de algodón cubriendo sus vergüenzas. Estos querandís no tienen paradero propio en el país, sino que vagan por la comarca, al igual que hacen los gitanos en nuestro país. Cuando estos indios querandís van tierra adentro, durante el verano, sucede que muchas veces encuentran seco el país en treinta leguas a la redonda y no encuentran agua alguna para beber; y cuando cogen a flechazos un venado u otro animal salvaje, juntan la sangre y se la beben. También en algunos casos buscan una raíz que se llama cardo, y entonces la comen por la sed. Cuando los dichos querandís están por morirse de sed y no encuentran agua en el lugar, sólo entonces beben esa sangre. Si acaso alguien piensa que la beben diariamente, se equivoca: esto no lo hacen y así lo dejo dicho en forma clara.

Los susodichos querandís nos trajeron alimentos diariamente a nuestro campamento, durante catorce días, y compartieron con nosotros su escasez en pescado y carne, y solamente un día dejaron de venir. Entonces nuestro capitán don Pedro Mendoza envió en seguida un alcalde de nombre Juan Pavón, y con él dos soldados, al lugar donde estaban los indios, que quedaba a unas cuatro leguas de nuestro campamento. Cuando llegaron donde aquéllos estaban, el alcalde y los soldados se condujeron de tal modo que los indios los molieron a palos y después los dejaron volver a nuestro campamento. Cuando el dicho alcalde volvió al campamento, tanto dijo y tanto hizo, que el capitán don Pedro Mendoza envió a su hermano carnal don Jorge Mendoza con trescientos lansquenetes y treinta jinetes bien pertrechados; yo estuve en ese asunto. Dispuso y mandó nuestro capitán general don Pedro Mendoza que su hermano don Diego Mendoza, juntamente con nosotros, matara, destruyera y cautivara a los nombrados querandís, ocupando el lugar donde éstos estaban. Cuando allí llegamos, los indios eran unos cuatro mil, pues habían convocado a sus amigos.

VIII

Y cuando quisimos atacarlos, se defendieron de tal manera que nos dieron bastante que hacer; mataron a nuestro capitán don Diego Mendoza y a seis caballeros; también mataron a flechazos alrededor de veinte soldados de infantería. Pero del lado de los indios murieron como mil hombres, más bien más que menos. Los indios se defendieron muy valientemente contra nosotros, como bien lo experimentamos en propia carne.

Dichos querandís usan como armas, arcos y flechas; éstas son como medias lanzas, que en la punta delantera tienen un filo de pedernal.

También usan una bola de piedra, sujeta a un largo cordel, como las plomadas que usamos en Alemania. Arrojan esta bola alrededor de las patas de un caballo o de un venado, de tal modo que éste debe caer; con esa bola he visto dar muerte a nuestro referido capitán y a los hidalgos: lo he visto con mis propios ojos. A los de a pie los mataron con los aludidos dardos.

Dios Todopoderoso con su ayuda nos permitió vencer a los querandís, y ocupamos el lugar donde estaban; pero no pudimos apresar ni un solo indio, pues los querandís habían hecho huir a sus mujeres e hijos antes que los atacáramos. En la localidad no encontramos nada más que algunos cueros de nutria, mucho pescado, harina de pescado y manteca de pescado. Allí permanecimos durante tres días: después volvimos a nuestro campamento, dejando de guardia a unos cien hombres, pues hay en ese paraje buenas aguas de pesca. También hicimos pescar utilizando las redes de los indios, para tener pescado suficiente como para mantener la gente, ya que solamente se les daba diariamente seis medias onzas de harina de grano, agregándose, cada tres días, un pescado. Así se pescó durante dos meses y quien quería su pescado tenía que irlo a buscar caminando las cuatro leguas.

En una época, había tanta hambre en los cuarteles de Pedro Mendoza que los soldados comían toda clase de animales, no sólo los habituales, sino los inmundos y también insectos y (todo) lo que encontraban para satisfacer su hambre; incluso el cuero de los zapatos; y no perdonando nada, ocurrió que tres españoles robaron en secreto un caballo y lo mataron y comieron. Pero cuando se supo, el superior mandó colgar a los tres en la horca; a los cuales se llegaron por la noche otros tres que les cortaron los muslos, los brazos, y lo demás que pudieron y luego lo cocinaron y con gran apetito comieron. Con lo que se vio cuán tirano es el hambre.

IX

Después que volvimos nuevamente a nuestro campamento, se repartió toda la gente: la que era para la guerra se empleó en la guerra y la que era para el trabajo se empleó en el trabajo. Allí se levantó una ciudad con una casa fuerte para nuestro capitán don Pedro Mendoza, y un muro de tierra en torno a la ciudad, de una altura como la que puede alcanzar un hombre con una espada en la mano. Este muro era de tres pies de ancho, y lo que hoy se levantaba, mañana se venía de nuevo al suelo; además la gente no tenía qué comer y se moría de hambre y padecía gran escasez, al extremo que los caballos no podían utilizarse. Fue tal la pena y el desastre del hambre, que no bastaron ni ratas ni ratones, víboras ni otras sabandijas; hasta los zapatos y cueros, todo tuvo que ser comido.

Sucedió que tres españoles robaron un caballo y se lo comieron a escondidas; y así que esto se supo, se los prendió y se les dio tormento para que confesaran. Entonces se pronunció la sentencia de que se ajusticiara a los tres españoles y se los colgara en una horca. Así se cumplió y se los ahorcó. Ni bien se los había ajusticiado, y se hizo la noche, y cada uno se fue a su casa, algunos otros españoles cortaron los muslos y otros pedazos del cuerpo de los ahorcados, se los llevaron a sus casas y allí los comieron. También ocurrió entonces que un español se comió a su propio hermano que había muerto. Esto ha sucedido en el año 1535, en el día de Corpus Christi, en la referida ciudad de Buenos Aires.

X

Como nuestro capitán general don Pedro Mendoza juzgó que no podría mantener a su gente, ordenó y dispuso que sus capitanes armaran cuatro bergantines; en tales barcos pueden viajar cuarenta hombres, y hay que moverlos a remo. Cuando esos cuatro buques, que se llaman bergantines, estuvieron aparejados y listos, así como otros barquitos que se llaman bateles o botes, de manera que en total fueron siete buques, ordenó nuestro capitán general don Pedro Mendoza que los capitanes convocaran a la gente. Cuando la gente estuvo reunida, nuestro capitán eligió trescientos cincuenta hombres con sus arcabuces y ballestas, y navegamos aguas arriba por el Paraná a buscar indios, para lograr alimentos y provisiones. Pero cuando los indios nos veían huían ante nosotros, y nos hicieron la mala jugada de quemar y destruir sus alimentos:

éste es su modo de hacer la guerra. De ese modo no encontramos nada que comer, ni mucho ni poco; apenas se nos daba a cada uno, cada día, tres medias onzas de bizcocho.

En este viaje murió de hambre la mitad de nuestra gente, de tal modo que tuvimos que regresar, porque nada pudimos conseguir en estas andanzas que duraron dos meses. Cuando volvimos a donde estaba nuestro capitán general don Pedro Mendoza, éste hizo llamar en seguida al que nos había mandado en ese viaje: éste se llamaba Jorge Luján.

Nuestro capitán general escuchó la relación de Jorge Luján, de cómo había ocurrido que se le muriera tanta gente en el viaje, y éste explicó que no había tenido comida de ninguna clase, y que los indios habían huido todos, como vosotros habéis sabido antes.

XI

Después de esto quedamos todos juntos en Buenos Aires durante un mes, con gran penuria y escasez, hasta que estuvieron aprestados los buques. En este tiempo los indios asaltaron nuestra ciudad de Buenos Aires con gran poder y fuerza. Eran como veintitrés mil hombres, y pertenecían a cuatro naciones, una llamada Querandí, otra Guaraní, la tercera Charrúa, la cuarta Chana-Timbú. Tenían la intención de matarnos a todos, pero Dios Todopoderoso no les concedió tanta gracia, aunque consiguieron quemar nuestras casas, pues estaban techadas con paja, excepto la casa del capitán general, que estaba cubierta con tejas. De cómo quemaron nuestra población y casas, quiero contarlo con brevedad para que se comprenda.

Mientras parte de los indios marchaban al asalto, otros tiraban sobre las casas con flechas encendidas, para que no tuviéramos el tiempo de atender a ambos y salvar nuestras casas. Las flechas que disparaban estaban hechas de cañas, y ellos las encendían en la punta. También hacen flechas de otro palo que, si se lo enciende, arde y no se apaga, y donde cae, allí comienza a arder. En el encuentro perecieron cerca de treinta hombres de entre nosotros los cristianos, entre capitanes y gente de tropa. ¡Dios sea con ellos clemente y misericordioso, así como con nosotros todos! Amén. En este ataque quemaron también cuatro buques grandes, que se hallaban a una media legua de nuestra ciudad de Buenos Aires. Estos buques no tenían cañones y la gente que estaba a bordo, cuando vio tan gran multitud de indios, huyó hacia otros tres buques que había allí cerca. Cuando notaron esto, y vieron arder los otros buques, los españoles pusiéronse a la defensa y descargaron los cañones contra los enemigos. Cuando los indios vieron y sintieron la artillería, se retiraron dejándonos en paz. Esto ha ocurrido el día de San Juan, en el año mil quinientos treinta y cuatro.

XII

Después de estos sucesos, la gente tuvo que irse a vivir en los buques, y nuestro capitán don Pedro Mendoza dio poder a un capitán llamado Juan Ayolas para que fuera nuestro capitán y gobernara en su nombre. Entonces este capitán Juan Ayolas mandó convocar la gente e hizo una revista general, encontrando que de los dos mil quinientos hombres quedaban con vida unos quinientos sesenta de entre la gente de guerra; los demás habían hallado la muerte por hambre o habían sido muertos por los indios. ¡Dios sea con ellos clemente y misericordioso, y con nosotros todos! Amén. Por aquel tiempo perecieron también unas veinte personas, que fueron muertos y comidos por los carios.

Dispuso entonces nuestro capitán Juan Ayolas que los marineros aprestaran ocho bergantines y bateles o botes, porque quería navegar aguas arriba del Paraná y buscar una nación que se llama Timbú para obtener provisiones y mantener a la gente. Así se hizo, y nuestro capitán Juan Ayolas apartó cuatrocientos hombres de los quinientos sesenta, dejando los otros ciento sesenta en los cuatro buques, para que los cuidaran, dándoles un capitán que se llamaba Juan Romero. Éste debía mirar por los buques y cuidarlos; tenían provisiones para un año, de modo que todos los días se diera a cada soldado ocho medias onzas de pan o harina; si alguno quería comer más, que se lo buscara.

XIII

Nuestro capitán Juan Ayolas mandó convocar los cuatrocientos hombres de la tropa y los embarcó en los buques, y viajó aguas arriba por el río Paraná. También viajó con nosotros nuestro supremo capitán general don Pedro Mendoza; y estuvimos en viaje durante dos meses, pues hay ochenta y cuatro leguas desde donde habíamos dejado los cuatro buques hasta el lugar donde habitan los timbús. Éstos llevan en ambos lados de la nariz una estrellita, hecha de una piedra blanca y azul, y son gente de cuerpo grande y fornido. Las mujeres son horribles y, tanto jóvenes como viejas, tienen la parte baja de la cara llena de rasguños azules. La fuerza de los indios es mucha, como sabréis por mí más adelante, y no comen otra cosa que carne y pescado: en toda su vida no han comido otra comida. Se calcula que esta nación tiene como quince mil hombres, más bien más que menos; tienen canoas, iguales a esas que allá en Alemania se llaman barquitos y usan los pescadores. Estas canoas se hacen con un árbol y tienen un ancho de tres pies en el fondo y un largo de ochenta pies. Pueden viajar en ellas cualquiera sea el tiempo hasta dieciséis hombres y todos deben remar; tienen remos como los que usan los pescadores en Alemania, salvo que no son reforzados con hierro en la punta de abajo.

Cuando llegamos con nuestros buques a cuatro leguas de su pueblo, nos divisaron y vinieron a nuestro encuentro como en cuatrocientas canoas, y en cada una había dieciséis hombres, y se nos acercaron pacíficamente. Nuestro capitán regaló entonces al indio principal de los timbús, que se llamaba Cheraguazú, una camisa y un birrete rojo, un hacha y otras cosas más de rescate. El tal Cheraguazú nos condujo a su pueblo, y nos dieron carne y pescado hasta hartarnos; si este viaje hubiera durado diez días más, todos nos hubiéramos muerto de hambre. Así y todo murieron, durante este viaje, cincuenta de los cuatrocientos hombres.

XIV

Quedamos en esa localidad durante tres años. Pero nuestro capitán general tenía la malatía francesa, no podía mover ni pies ni manos y además había gastado en el viaje más de cuarenta mil du-

33

ros. No quiso, pues, estar más tiempo con nosotros en esa tierra, y decidió volver a España, como lo hizo; retornó con dos bergantines y llegó
a los cuatro buques grandes que había dejado en
Buenos Aires, tomó consigo cincuenta hombres
y viajó a España en dos buques grandes, dejando
los otros dos en Buenos Aires. Mas cuando nuestro capitán general don Pedro Mendoza había
llegado a mitad de camino, Dios Todopoderoso
le deparó una muerte miserable. ¡Dios sea con él
clemente y misericordioso! Nos había prometi-
do antes de salir que, ni bien él o los buques lle-
garan a España, y como primera medida, man-
daría inmediatamente otros dos buques al Río de
la Plata; cosa que dispuso en su lecho de muerte
al hacer su testamento, todo tal cual había sido
convenido. También encargó que se mandase
gente y ropa, rescate y todo lo que fuera menester. No bien llegaron los dos buques a España, se
entregaron esas cartas y órdenes; y cuando los
consejeros de Su Cesárea Majestad supieron que
esto sucedía en el país, despacharon lo más pronto posible dos grandes buques con gente y alimentos y mercadería y todo lo que se necesitaba.

XV

El capitán que partió con el auxilio al Río de la
Plata se llamaba Alonso Cabrera, y trajo consigo

más de doscientos españoles y bastimentos para dos años, llegando en el año 1538 a Buenos Aires, donde habían quedado los dos buques con ciento sesenta hombres, como vosotros habéis sabido en páginas anteriores. El capitán Alonso Cabrera hizo aprestar entonces cuatro bergantines, y embarcó en ellos víveres y otras cosas que se precisarían en ese viaje. Traía Alonso Cabrera órdenes de Su Cesárea Majestad de, ni bien llegara junto a don Juan de Ayolas, despachar inmediatamente un buque de vuelta a España, llevando relación del país. En cuanto llegó junto a don Juan Ayolas, nuestro capitán general, así fue dispuesto, y se envió inmediatamente un buque de nuevo a España, haciendo saber a los consejeros de Su Cesárea Majestad cómo iban las cosas en el país y qué se había conseguido. Después de esto el capitán general Juan Ayolas celebró consejo con Alonso Cabrera y Domingo Martínez de Irala y otros capitanes, y decidieron navegar por el río Paraná arriba con cuatrocientos hombres y ocho bergantines, y buscar un río que se llama Paraguay.

XVI

Junto a dicho río Paraguay viven los carios, que tienen trigo turco o maíz y una raíz que se llama mandioca y otras buenas raíces más que se llaman batatas y mandioca-poporí y mandioca-pepirá. La raíz de batata se parece a la manzana y tiene el mismo gusto; la mandioca-poporí sabe a castañas. De la mandioca-pepirá se hace un vino que beben los indios. Los carios tienen pescado y ovejas grandes, del tamaño que en esta tierra tienen las mulas; también tienen puercos salvajes, avestruces y otros animales de caza; también gallinas y gansos en abundancia.

Nuestro capitán general Juan Ayolas mandó que se reuniera toda la gente con sus armas, pues él quería hacer una revista; luego que la hizo, halló que entre su gente y la que había venido con Alonso Cabrera desde España éramos en total quinientos cincuenta hombres. Tomó entonces cuatrocientos hombres y a los ciento cincuenta restantes los dejó con los timbús, pues no se tenía suficientes buques como para que navegara toda la gente; dejó a los ciento cincuenta hombres con un capitán que debía gobernarlos y hacer justicia, y éste era un alemán llamado Carlos de Ugrie y había sido, tiempo atrás, camarero de Su Cesárea Majestad. Zarpamos de ese puerto, que se llama Buena Esperanza, con ocho bergantines, y después de un día de navegación, o sea cuatro leguas de camino, llegamos a una nación que se llama Corondá; también viven de pescado y carne y son aproximadamente doce mil hombres adultos, de los que pueden guerrear, y en todo son iguales a los timbús. También tienen dos estrellitas a ambos lados de la nariz; también son personas garbosas y las mujeres feas, con arañazos azulados en la cara, tanto jóvenes como viejas, y tapan las vergüenzas con un trapo de algodón; tienen estos indios muchos cueros curtidos de nutria y muchísimas canoas. Y ellos compartieron con nosotros su escasez de carne y pescado y cueros y otras cosas más; nosotros también, del mismo modo, les dimos cuentas de vidrio, rosarios, espejos, peines, cuchillos y otras cosas, y quedamos con ellos durante dos días. También nos dieron dos indios carios que tenían cautivos, por su habla y para que nos enseñaran el camino.

XVII

De ahí navegamos hasta llegar a una nación que se llama Quiloaza, que son alrededor de cuarenta mil hombres de guerra y comen pescado y carne; llevan también dos estrellitas en la nariz como los dichos timbús y corondás; las tres naciones hablan una misma lengua. Desde los antes nombrados corondás hasta los quiloazas hay treinta leguas de camino, y éstos viven en una laguna que tiene unas seis leguas de largo y unas cuatro de ancho. Con ellos quedamos cuatro días: también participamos su escasez, haciendo nosotros lo mismo. Estos indios habitan en la orilla izquierda del Paraná.

De allí navegamos durante dieciséis días sin que encontráramos ni viéramos gente alguna. En esto vinimos a dar a un pequeño río, que corre hacia el interior del país, donde encontramos reunida mucha gente que se llama mocoretá; éstos no tienen para comer otra cosa que pescado y carne, sobre todo pescado. Estos indios son alrededor de dieciocho mil guerreros; también tienen muchísimas canoas. Los mocoretás nos recibieron muy bien, a su manera, y nos dieron la carne y pescado que precisábamos durante los cuatro días que con ellos nos quedamos. Habitan en la otra orilla del Paraná, o sea en la orilla derecha, y hablan otra lengua; pero también llevan las dos estrellitas en la nariz y son gente de cuerpo bien formado; las mujeres son feas como las antes mencionadas. Desde los quiloazas hasta los mocoretás hay sesenta y cuatro leguas de camino. Mientras estábamos con esos mocoretás, casualmente encontramos en tierra una gran serpiente, larga como de veinticinco pies, gruesa como un hombre y salpicada de negro y amarillo, a la que matamos de un tiro de arcabuz. Cuando los indios la vieron se maravillaron mucho, pues nunca habían visto una serpiente de tal tamaño; y esta serpiente hacía mucho mal a los indios, pues cuando se bañaban estaba ésta en el río y enrollaba su cola alrededor del indio y lo llevaba bajo el agua y lo comía, sin que la pudieran ver, de modo que los indios no sabían cómo podía suceder que la serpiente se comiera a los indios. Yo mismo he medido la tal serpiente a lo largo y a lo ancho, de manera que bien sé lo que digo. Los mocoretás tomaron ese animal, lo cortaron a pedazos, que llevaron a sus casas, y se lo comieron asado y cocido.

XVIII

De allí partimos de nuevo y navegamos por el río Paraná durante cuatro jornadas, hasta que llegamos a una nación que se llama Chaná-Salvajes; son bajos y gruesos y no tienen más comida que carne, pescado y miel. Las mujeres llevan sus vergüenzas al aire: todos, hombres y mujeres, andan completamente desnudos, tal como Dios Todopoderoso los ha puesto en el mundo. La carne que comen es de venados, puercos salvajes y avestruces; también de unos conejos que son iguales a una rata grande, salvo que no tienen cola. Permanecimos con ellos solamente una noche, pues no tenían nada que comer: hacía cinco días que habían venido al río Paraná para pescar y guerrear con los mocoretás. Es una gente igual a los salteadores que hay por Alemania: roban y asaltan y luego vuelven a su guarida. Después que dejamos a los mocoretás, anduvimos durante cuatro días, o sea unas dieciséis leguas, antes de encontrar a los chaná-salvajes, que habitualmente viven tierra adentro, a veinte leguas del río, para que los mocoretás no los asalten. Estos chaná-salvajes son unos dos mil guerreros.

De allí navegamos hasta encontrar una nación que se llama Mapenis y son muchísimos, aunque no viven agrupados; pero en dos días pueden reunirse en el río y la tierra. Se calcula que son cien mil hombres y tienen una tierra como de cuarenta leguas a la redonda. También tienen más canoas que cualquier nación que hasta aquí hubiéramos visto, y en una canoa pueden viajar hasta veinte personas. Nos recibieron belicosamente —había en el río más de quinientas canoas—, pero dichos mapenis no consiguieron gran cosa y con nuestros arcabuces herimos y dimos muerte a muchos, pues nunca habían visto antes ni cristianos ni arcabuces y tuvieron gran espanto. Cuando llegamos a su aldea, no pudimos tomar nada, pues había una legua desde el Paraná, donde habíamos dejado los buques, y solamente encontramos doscientas cincuenta canoas, que quemamos y destrozamos totalmente. Tampoco quisimos alejarnos mucho de nuestros buques, porque recelábamos que nos atacarían de otro lado. Así, volvimos nuevamente a nuestros buques; los antes nombrados mapenis solamente saben guerrear sobre el agua.

Desde los chaná-salvajes hasta estos mapenis, hay noventa y cinco leguas de camino.

XIX

Desde allí seguimos adelante por ocho días, y vinimos a dar con un río que se llama Paraguay; éste queda sobre la mano izquierda. Dejamos el Paraná y navegamos por el Paraguay arriba, encontrando muchísima gente, que se llaman los curé-maguás. Éstos no tienen otra cosa para comer que pescado, carne y algarrobas o pan de San Juan, de la cual los indios hacen vino. Así los dichos curé-maguás nos dieron todo lo que entonces necesitábamos, y se pusieron mucho a nuestra disposición. Los hombres y las mujeres son altos y grandes; los hombres tienen un agujerito en la nariz, por allí pasan una pluma de papagayo para embellecerse; las mujeres se pintan la cara con largas líneas azules, que les quedan para toda la eternidad, y se tapan las vergüenzas desde el ombligo hasta la rodilla con un trapo de algodón. Desde los sobredichos mapenis hay cuarenta leguas hasta estos curé-maguás; con éstos nos quedamos por tres días.

Y de ahí seguimos por treinta y cuatro leguas, hasta encontrar una nación que se llama Agaces; tienen pescado y carne para comer, y los hombres y las mujeres son hermosos y altos. Las mujeres son lindas y se pintan la cara como las antes nombradas, y, como las otras, llevan un trapo de algodón delante de sus vergüenzas. Cuando llegamos a estos agaces, éstos se pusieron a la defensa e intentaron combatirnos, y no quisieron dejarnos pasar adelante. Cuando supimos esto y vimos que la bondad no serviría para nada, nos encomendamos a Dios Todopoderoso, hicimos nuestra ordenanza y marchamos contra ellos por agua y por tierra; nos batimos y exterminamos muchísimos de esos agaces. Nos mataron alrededor de quince hombres; que Dios sea misericordioso con ellos, así como con todos nosotros. Amén. Estos agaces son los mejores guerreros que hay sobre todo el río, pero por tierra no lo son tanto. Habían hecho huir a sus mujeres e hijos; y ocultado de tal manera, que no pudimos quitárselos, ni siquiera a aquellos que escaparon. Pero cómo les fue a ésos, lo sabréis muy en breve. Ellos tienen muchísimas canoas, y el pueblo de dichos agaces se halla sobre un río que se llama Ipetí y se encuentra sobre el otro lado del Paraguay; el río viene desde las tierras del Perú, de un lugar que se llama Tucumán.

XX

Después que dejamos a los agaces, venimos a dar con una nación que se llama Carios, a cincuenta leguas de camino desde los agaces. Allí nos ayudó Dios Todopoderoso con su gracia divina, pues entre los carios o guaranís hallamos trigo turco o maíz, mandiotín, batatas, mandioca-poropí, mandioca-pepirá, maní, bocaja y otros alimentos, así como pescado y carne, venados, puercos salvajes, avestruces, ovejas indias, conejos, gallinas y gansos, y otros animales salvajes que ahora no puedo describir. También hay en abundancia una miel de la que se hace vino, y tienen en su tierra muchísimo algodón. Estos carios dominan un gran territorio: yo creo, y de esto estoy cierto, que abarca más de trescientas leguas a la redonda. Los dichos carios o guaranís son gente baja y gruesa y son más resistentes que las otras naciones. Los hombres tienen en el labio un agujerito, y por él meten un cristal de un largo como de dos jemes, grueso como el canuto de una pluma, de color amarillo y que en indio se llama parabog. Las mujeres y hombres andan completamente desnudos, tal como Dios los echó al mundo. El padre vende su hija; lo mismo el marido a su mujer cuando no le gusta, y el hermano a la hermana; una mujer cuesta una camisa, un cuchillo, una hachuela, u otro rescate cualquiera.

Estos carios habían comido carne humana cuando llegamos a ellos: cómo la comen lo sabréis en seguida. Cuando estos carios hacen la guerra contra sus enemigos, entonces ceban a los prisioneros, sea hombre o mujer, sea joven o vieja, o sea niño, como se ceba un cerdo en Alemania; pero si la mujer es algo hermosa, la guardan durante uno o tres años. Cuando ya están cansados de ella, entonces la matan y la comen, y hacen una gran fiesta, como un banquete de un casamiento allá en Alemania; si es un hombre viejo o una mujer vieja, se los hace trabajar, a aquél en la tierra y a ésta en preparar la comida para su amo. Estos carios hacen correrías más lejos que cualquier otra nación de las que viven en el Río de la Plata; y no hay nación mejor para la guerra y más sobria que los dichos carios. La ciudad de los carios se halla en un alto sobre el río Paraguay.

XXI

Ese pueblo antiguamente se llamó, en idioma indio, Lambaré. Está rodeado por una doble palizada de palos, y cada poste es grueso como un hombre; entre las dos empalizadas hay unos doce pasos y los postes están enterrados una buena braza, saliendo sobre la tierra hasta una altura tal como un hombre puede alcanzar con una espada larga. Los carios tenían trincheras y fosos a unos quince pasos de ese muro, hondas como la altura de tres hombres y dentro de estos fosos clavaban unas lanzas de palo duro tan puntiagudas como una aguja. También habían cubierto dichos fosos con paja y ramitas del bosque y tirado encima tierra y hierba para que nosotros no los viéramos, de modo tal que si nosotros los cristianos corríamos tras los carios, cayésemos en el foso. Y esos fosos fueron perjudiciales para los mismos carios y ellos mismos cayeron dentro, cosa que ocurrió de esta manera: cuando nuestro capitán don Juan Ayolas bajó de sus bergantines contra los nombrados carios, mandó y ordenó a sus sargentos y alféreces que hiciéramos formar en ordenanza a la gente de guerra y marcháramos contra la ciudad. Dejamos sesenta hombres en los bergantines para que los guardaran, y con los otros nos alejamos hacia la ciudad de Lambaré, hasta la distancia de un buen tiro de arcabuz de ella. Así que los carios nos divisaron, que eran como cuarenta mil hombres, con sus arcos y flechas, dijeron a nuestro capitán general Juan Ayolas que nos volviéramos a nuestros bergantines y que ellos nos proveerían de bastimentos y todo lo que necesitáramos, alejándonos de allí, porque si no serían nuestros enemigos. Pero nosotros y nuestro capitán general Juan Ayolas no quisimos retroceder de nuevo, pues la gente y la tierra nos parecieron muy convenientes, especialmente los alimentos; pues en cuatro años no habíamos comido pan sino que solamente con pescados y carnes nos habíamos alimentado.

Ya que nosotros no quisimos aceptar esto, los dichos carios tomaron sus arcos y nos quisieron dar la bienvenida a flechazos. Aun entonces nosotros no quisimos hacerles nada, sino al contrario, les hicimos requerir por un lengua por tres veces, y quisimos ser sus amigos; pero de nada quisieron hacer caso. A todo esto aún no habían probado nuestras armas; pero cuando estuvimos cerca, hicimos disparar nuestros arcabuces, y cuando los oyeron y vieron que su gente caía y no veían bala ni flecha alguna sino un agujero en los cuerpos, no pudieron mantenerse y huyeron, cayendo los unos sobre los otros como los perros, mientras huían hacía su pueblo. Algunos entraron en el pueblo, pero otros, alrededor de doscientos hombres, cayeron en los fosos, porque no habían tenido tiempo bastante como para mirar en derredor y evitarlos. En seguida quisimos entrar al pueblo, pero los indios que allí esetaban se mantuvieron lo mejor que pudieron y se defendieron muy valientemente por dos días. Mas cuando vieron que no podrían sostenerlo más y temieron por sus mujeres e hijos, pues los tenían a su lado, vinieron dichos carios y pidieron perdón y que ellos harían todo cuanto nosotros quisiéramos. También trajeron y regalaron a nuestro capitán Juan Ayolas seis muchachitas, la mayor como de dieciocho años de edad; también le hicieron un presente de siete venados y otra carne de caza. Pidieron que nos quedáramos con ellos y regalaron a cada hombre de guerra dos mujeres, para que cuidaran de nosotros, cocinaran, lavaran y atendieran a todo cuanto más nos hiciera falta. También nos dieron comida, de la que bien necesitábamos en aquella ocasión. Con esto quedó hecha la paz con los carios.

XXII

Después de esto debieron los carios levantar para nosotros una gran casafuerte de piedra y tierra, reforzada con palos, para que si con el tiempo llegare a suceder que los carios quisieran rebelarse contra los cristianos, éstos tuvieran entonces un amparo y se sostuvieran y defendieran contra los carios. Así duró la amistad con los carios durante cuatro años. Tomamos esa localidad en el día de Nuestra Señora de Asunción, en el año de 1539, y le pusimos ese nombre, y aún se llama así la ciudad.

De nuestras fuerzas, entre españoles y de otras naciones, perecieron dieciséis hombres en esta escaramuza. Desde los antes nombrados agaces hasta estos carios hay treinta leguas de camino; desde el lugar de Buena Esperanza, que es donde estaban los timbús, hay alrededor de trescientas cincuenta leguas hasta llegar a los carios.

Hicimos entonces una alianza con los carios por si querían marchar con nosotros contra los agaces y combatirlos. Estuvieron de acuerdo con eso, y nuestro capitán les preguntó con cuántos hombres querían marchar con nosotros contra el enemigo, respondiendo ellos que con ocho mil hombres. Con esto nuestro capitán quedó bien contento; entonces tomó trescientos españoles y marchamos, por agua y por tierra, por treinta leguas, hasta donde viven los agaces; que vosotros habéis sabido ya cómo nos habían tratado. Los hallamos en el antiguo lugar donde los habíamos dejado antes, entre las tres y las cuatro de la mañana, durmiendo en sus casas, sin sentir nada, porque antes los carios los habían espiado, y dimos muerte a los hombres, a las mujeres y aun a los niños. Los carios son un pueblo así, que matan a cuantos encuentran en la guerra frente a ellos, sin tener compasión con ningún ser humano. También tomamos como quinientas canoas grandes y quemamos todos los pueblos que hallamos e hicimos muy gran daño. Cuatro meses después, volvieron los agaces que habían escapado con vida y pidieron clemencia a nuestro capitán Juan Ayolas, y éste tuvo que recibirlos con clemencia porque así lo había dispuesto Su Cesárea Majestad, ordenando que toda vez que se presentase cualquier principal de los indios y pidiese perdón, hasta por tercera vez debía concedérsele y guardársele. Pero si sucediera que por tercera vez violara la paz con los cristianos, entonces debía quedar por toda la vida como esclavo, cautivo o prisionero.

XXIII

Después de todo esto permanecimos seis meses en dicha ciudad de Nuestra Señora de Asunción, reposando durante ese tiempo. Entonces nuestro capitán Juan Ayolas hizo preguntar a los carios acerca de una nación que se llama Payaguás, y los dichos carios contestaton que estos payaguás vivían a cien leguas de camino, río Paraguay arriba de la antes nombrada ciudad de Asunción. Cuando nuestro capitán supo esto, preguntó también si los payaguás tenían alimentos, de qué clase, y también qué clase de gente era y cómo vivían, y qué tenían que pudiera servirnos; entonces respondieron los carios a nuestro capitán que los payaguás no tenían otro alimento que pescado y carne y que también tenían algarrobas o sea pan de San Juan y con él hacían una harina que comen con los pescados. Con la algarroba hacen también un vino muy bueno, tanto como allá en Alemania el hidromiel. Cuando nuestro capitán Juan Ayolas supo todo esto, ordenó a los carios que, en el plazo de dos meses, cargaran cinco buques con provisiones de trigo turco y las otras cosas que en estos países son el alimento habitual; que él en ese mismo tiempo se aprestaría con sus compañeros y navegaría contra los payaguás y de allí más adelante contra una nación que se llama Carcará. Respondieron los carios a nuestro capitán que ellos serían bien dispuestos y obedientes y cumplirían sus órdenes, y nuestro capitán también ordenó y mandó a los marineros que tuvieran listos los buques para realizar el viaje.

Cuando todo estuvo preparado tal como se había mandado, dispuso nuestro capitán Juan Ayolas, con sus capitanes, que los sargentos convocaran la gente y tomó de entre sus cuatrocientos hombres, unos trescientos bien pertrechados con sus armas; los ciento sesenta restantes los dejó en la fortaleza que se llama Nuestra Señora de la Asunción, donde viven los antes nombrados carios. Cuando los soldados estuvieron en los buques, navegó nuestro capitán Juan Ayolas por el río arriba, y a cada cinco leguas de camino hallamos una aldea de los carios, y en cada ocasión nos trajeron alimentos, pescados y carne, gallinas, gansos, ovejas indias, avestruces y otras cosas más de lo que nosotros los cristianos precisábamos y ellos tenían. Al llegar a la última localidad de los carios, que se llama Guayviaño, a ochenta leguas de la ciudad de Asunción, tomamos todo lo que nos sería menester en el viaje.

XXIV

De allí partimos y vinimos a dar a un cerro que se llamó San Fernando, que es muy parecido al Bogenberg. Allí encontramos a los payaguás, que vinieron a nuestro encuentro en cincuenta canoas, y nos recibieron con corazón falso, como sabréis más adelante, y nos llevaron a sus casas y nos dieron pescado, carne y algarroba para que comiéramos. Nos quedamos entre los payaguás durante nueve días.

Nuestro capitán general hizo preguntar a los payaguás si ellos sabían de una nación que se llama Carcarás, y el principal payaguá dijo que sólo los conocía de oídas; que los carcarás estaban lejos, tierra adentro, y que tenían mucho oro y plata, pero que ellos no sabían nada ni nunca habían visto todo eso. También dijeron que era gente tan entendida como nosotros los cristianos y que tenían mucha comida: trigo turco y mandioca, maní y batatas, bocaja, mandioca-poropí, mandiotín, mandioca-pepirá y otras raíces más, así como carne de ovejas indias, de un animal que se llama anta, y que tiene cabeza parecida a la del asno, pero con patas como la vaca y de un cuero color gris, grueso como el del búfalo; también venados, conejos, gansos y gallinas en abundancia. Estos payaguás dijeron que ellos no habían visto nada de esto, y que solamente lo sabían de oídas, pero cuando Juan Ayolas entró en la tierra, él vio todo eso, y después nosotros lo hemos visto todavía mejor, porque nosotros entramos en la tierra y salimos de nuevo, como después sabréis.

También pidió nuestro capitán a los payaguás que le dieran algunos hombres para que lo acompañaran a la tierra de los carcarás, con lo que estuvieron conformes, y el payaguá principal le dio trescientos indios para que marcharan tierra adentro con él y condujeran los alimentos y todo lo necesario.

Entonces dispuso y mandó nuestro capitán general Juan Ayolas que todo estuviera listo, que él partiría dentro de cuatro días. También dispuso que, de los cinco buques, se desmantelaran tres, y en los dos restantes dejó cincuenta hombres armados para que lo esperásemos durante cuatro meses; si sucediera que no volviese en esos cuatro meses que regresáramos a la ciudad de Nuestra Señora de Asunción. Puntualmente lo esperamos durante seis meses, con nuestro capitán Domingo Martínez de Irala; cuando comprendimos que no volvería, y ni noticias tuvimos, y como además nos faltaron provisiones, tuvimos que volver a la ciudad de Asunción, tal como lo había dejado ordenado nuestro capitán Juan Ayolas.

XXV

Sabed ahora cómo fue que nuestro capitán Juan Ayolas entró tierra adentro y cómo volvió a salir. Primero marchó hacia una nación muy numerosa, que se llama Naperus y que son amigos de los payaguás; no tienen más que carne y pescado para comer. Nuestro capitán tomó consigo algunos de estos naperus para que marcharan tierra adentro con él y le mostraran el camino, y así atravesaron muchas naciones y padecieron **grandes penas y escasez, hambre y pesadumbre;**

también encontró mucha resistencia nuestro capitán Juan Ayolas entre los indios, muriéndose más de la mitad de los españoles. Así llegó hasta una nación que se llama Payzunos: de ahí no pudo seguir más adelante y tuvo que regresar de nuevo, dejando entre estos paysunos a tres españoles que estaban gravísimamente enfermos. Cuando nuestro capitán Juan Ayolas cruzó de nuevo la tierra y llegó a salvo hasta los naperus, se quedó allí reposando durante tres días, pues estaban todos cansadísimos y enfermos y no tenían más municiones.

Pero cuando los naperus supieron tal cosa y vieron que los cristianos estaban enfermos y débiles, se convinieron con los payaguás e hicieron una alianza para dar muerte a nuestro capitán Juan Ayolas, cosa que después hicieron.

Así cuando nuestro capitán general Juan Ayolas, que nada recelaba, estuvo a unas tres jornadas de los payaguás, éstos y los naperus se ocultaron en un gran matorral a ambos lados del camino por donde debía pasar el pobre Juan Ayolas —¡Dios sea con él clemente!— y como perros hambrientos atropellaron a los cristianos y los mataron a todos, que ninguno se salvó.

¡Dios sea con ellos clemente y misericordioso, así como con todos nosotros! Amén.

Cuando Juan Ayolas recorrió extrañas naciones en India, llegó por fin entre dos naciones que se llamaban Naperus y Payaguás, las cuales se le mostraron muy amistosas; pero luego secretamente hicieron con otros una liga para matar en un momento dado a los cristianos. Entonces estos indios (se ocultaron) en un bosque por donde debían pasar los cristianos, los esperaron y cayeron sobre ellos súbitamente y mataron a todos. Cuando el capitán Domingo Martínez de Irala lo supo, capturó a dos payaguás, los ató a un árbol e hizo fuego alrededor para que murieran lentamente por el tormento.

XXVI

Supimos de ese hecho por un indio que había sido esclavo de Juan Ayolas —¡Dios sea con él clemente!—, que se había escapado y nos contó todo tal como había sucedido, del comienzo al fin. Así estuvimos durante un año en la ciudad de Nuestra Señora de la Asunción, que está situada sobre el río Paraguay, y nuestro capitán general Juan Ayolas —¡Dios le conceda gracia y misericordia!— no apareció ni tuvimos noticias de él, salvo que los carios dijeron a nuestro capitán Domingo Martínez de Irala que los antes nombrados payaguás habían matado a todos los cristianos. Pero nosotros no quisimos creerlo hasta que lo dijese un payaguá. Esto tardó como dos meses, hasta que los carios trajeron a nuestro capitán cinco indios payaguás que habían tomado prisioneros. Cuando nuestro capitán les preguntó si ellos habían hecho tal matanza, negaron y dijeron que Juan Ayolas aún no había salido de la tierra, pero nuestro capitán dispuso que se atormentase a los payaguás y se los hiciera confesar. Se les dio tal tormento que los payaguás debieron confesar, y declararon que era cierto y verdad que ellos habían matado a los cristianos. Tomamos entonces a los payaguá, los condenamos y se los ató contra un árbol y se hizo una gran hoguera a alguna distancia. Así, lentamente, se fueron quemando.

Con esto sabido, a nuestro capitán Domingo Martínez de Irala y también a nosotros los soldados, a todos nos pareció bien que eligiéramos un capitán general que nos gobernara y fuera nuestro juez hasta que Su Cesárea Majestad dispusiera. Y en seguida resolvimos que mandara el capitán Domingo Martínez de Irala, pues había mandado durante largo tiempo, tratando bien a los soldados, y era bien visto por todos.

XXVII

Cuando Domingo Martínez de Irala tuvo el mando de todos, dispuso que se aprestaran cuatro bergantines, pues quería navegar por el Paraguay hasta los timbús y a Buenos Aires y traer a toda la gente que allí estaba y reunirla en la antes nombrada ciudad de Nuestra Señora de la Asunción. Pues nuestro capitán general Juan Ayolas —¡Dios le conceda su gracia y misericordia!— había dejado en Buenos Aires, junto a los buques, a ciento sesenta españoles; también había dejado ciento cincuenta hombres entre los timbús, como se dice más arriba al explicarse por qué los dejaba.

Cuando nuestro capitán Domingo Martínez de Irala tuvo listos sus barcos, tomó sesenta de los doscientos diez hombres; dejó, pues, ciento cincuenta hombres en la antes nombrada ciudad de Nuestra Señora de la Asunción, y bajó con los cuatro bergantines por el río Paraguay y Paraná, llegando así donde estaban los antes nombrados timbús, y con ellos los españoles. Pero había sucedido allí que un capitán llamado Juan Ruiz, y Juan Pavón, y un sacerdote, y también un secretario que se llamaba Juan Hernández se habían convenido para matar al principal de los timbús, llamado Chererá-Guazú, cosa que habían realizado. Entonces fue que llegamos nosotros con nuestro capitán Domingo Martínez de Irala, en nuestros cuatro buques, y cuando nuestro capitán supo eso, se fastidió mucho por la matanza y porque los indios habían huido. Nada pudo hacerse, y resolvió seguir adelante, dejando en Corpus Christi veinte hombres de los nuestros con un capitán que se llamaba Antonio Mendoza, con bastimentos y provisiones, y mandó, bajo pena de vida, que se tuviera mucho cuidado, que no se fiara para nada de los indios y que tuvieran guardia día y noche; que si ellos volviesen y quisieran ser nuevamente amigos, que se les demostrara buena voluntad y amistad, pero siempre cuidándose de ellos y se estuviera bien alerta para que no hubiese perjuicio para él o para la gente. Nuestro capitán Domingo Martínez de Irala llevó consigo a los cuatro culpables de la matanza de los indios: Francisco Ruiz, Juan Pavón, el sacerdote y su secretario Juan Hernández. Cuando nuestro capitán estaba por partir, llegó un principal de los timbú, llamado Zaique-Limy, gran amigo de los cristianos pero que, a pesar de ello, se había ido a vivir con los suyos por causa de su mujer, hijos y amigos. Este timbú Zaique-Limy pidió y rogó a nuestro capitán que se llevara consigo, río abajo, a toda la gente, pues todo el país estaba alzado contra los cristianos y los querían matar y echar fuera de la tierra. Pero nuestro capitán le contestó que él pronto estaría de vuelta, que su gente era bastante fuerte y podría defenderse de los indios y que él se fuese a vivir con los cristianos, junto con su familia y amigos. Así lo prometió el timbú, tal como lo hizo más tarde, pero con distinto ánimo, como sabréis luego.

Partió río abajo nuestro capitán Domingo Martínez de Irala, y nos dejó allí, en Corpus Christi.

XXVIII

Cuando habían pasado ocho días, Zaique-Limy, con corazón traidor, mandó a uno de sus hermanos, llamado Suebleba, a pedir a nuestro capitán Antonio Mendoza que le enviase seis cristianos con sus arcabuces, pues quería venir a vivir con nosotros y habitar a nuestro lado con sus amigos. También explicó Suebleba que pedía los seis soldados para así poder traer más tranquilo sus trastos y a su mujer e hijos, pues tenía miedo de los otros timbús. Pero esto era pura astucia y pura artimaña. Añadió que pensaba traernos comida y todo lo que creyésemos necesario, y como este indio Suebleba tanto ofrecía con falso corazón, nuestro capitán le prometió cincuenta españoles bien pertrechados con sus armas, para así tener más seguridad, pues siempre son más fuertes cincuenta hombres que seis; y así ordenó nuestro capitán a cincuenta hombres que marcharan con Suebleba, pues no había más de un cuarto de legua de camino hasta el lugar en que vivían los indios, recomendando mucho que miraran bien para no recibir daño alguno de los indios. Cuando los cincuenta hombres llegaron al lugar de los indios, vinieron los amigos de entre los timbús y les dieron el beso de Judas, y les trajeron carne y pescado y lo que allí tenían. Cuando los cristianos estaban comiendo, los falsos amigos y otros indios que estaban ocultos los asaltaron y de tal modo les desearon buen provecho que ni uno solo escapó con vida, salvo un muchacho que se llamaba Calderón; los demás cristianos dejaron allí la vida. ¡Dios sea clemente y misericordioso con todos ellos, así como con nosotros!

Después de esto los enemigos atacaron nuestra plaza. Más de diez mil timbús, unidos como un solo hombre, nos sitiaron y creyeron que tomarían nuestra plaza, pero Dios Todopoderoso no les concedió esa gracia, y tuvieron que acampar durante catorce días en derredor de nuestro pueblo, y nos asaltaban día y noche. También habían hecho lanzas largas con las espadas ganadas a los cincuenta españoles, y con éstas nos atacaban y se defendían. Una noche los indios llevaron un ataque muy fuerte y quemaron nuestras casas, y entonces nuestro capitán Antonio Mendoza corrió hacia un portón y al llegar allí no vio unos indios que estaban ocultos con sus lanzas y que lo traspasaron sin darle tiempo a decir oste ni moste. ¡Dios sea clemente con él!

Pero los dichos timbús no podían aguantar más porque no tenían nada que comer, así que levantaron su campamento y se marcharon. En esto llegaron dos bergantines con bastimentos, para que tuviéramos que comer mientras nuestro capitán Domingo Martínez de Irala volvía de Buenos Aires. Cuando estos bergantines llegaron al pueblo de Corpus Christi, nosotros nos pusimos muy alegres; pero los cristianos que en ellos venían se pusieron, en cambio, muy tristes al saber cuántos compañeros habían muerto.

Celebramos consejo sobre qué debíamos hacer; y convinimos en que estaría bien hecho que nos embarcáramos todos y que, todos juntos, navegáramos río abajo, como lo hicimos. Cuando llegamos a donde estaba nuestro capitán general Domingo Martínez de Irala, éste se acongojó muchísimo por la gente que había muerto; más que él no sabía qué hacer ni resolver sobre nosotros, ya que no tenía provisiones que darnos.

XXIX

A los cinco días de estar en Buenos Aires, llegó de España uno de esos buquecillos que se llaman carabelas trayendo, entre otras buenas noticias, la de que había llegado un buque a Santa Catalina, a cargo del capitán Alonso Cabrera, trayendo de España doscientos hombres. Cuando nuestro capitán Domingo Martínez de Irala supo esa noticia, hizo aprestar uno de nuestros dos buques, que era un galeón, y lo envió con toda urgencia a Santa Catalina del Brasil, que está a trescientas leguas de la ciudad de Buenos Aires, donde nosotros estábamos, encomendando a un capitán, llamado Gonzalo Mendoza, el gobierno del buque. Le ordenó que cuando llegase junto al buque que estaba en Santa Catalina, cargara mandioca y otros alimentos que le parecieran buenos. Este capitán Gonzalo Mendoza pidió a nuestro capitán general que le dejara escoger de entre los soldados a seis hombres de su entera confianza y de quienes él pudiera fiarse. Así se lo concedió nuestro capitán, y él me tomó a mí y a otros cinco españoles, y partimos junto con veinte soldados y marineros más para que gobernaran el buque.

Llegamos a Santa Catalina después de un mes de viaje. Allí encontramos el antes dicho buque que había venido de España, con el capitán Alonso Cabrera y toda su gente. Mucho nos alegramos cuando los vimos, y nos quedamos dos meses y cargamos nuestro buque con provisiones, que tuvimos tal abundancia de mandioca y trigo turco, que no hubiéramos podido llevar más. Después partimos y navegamos de vuelta hacia Buenos Aires, y junto con nosotros navegó en su buque el capitán que había venido de España, y que también había cargado su buque con provisiones. Así fuimos hasta unas veinte leguas de Paraná-Guazú, río que en su boca tiene un ancho de más de cuarenta leguas, perdurando esa anchura durante ochenta leguas de camino, hasta que llegáis a un puerto que se llama San Gabriel. Cuando allí se llega, el río Paraná-Guazú tiene ocho leguas de ancho, como vosotros ya lo habéis sabido por mí al comienzo de este libro. A las veinte leguas de camino por el nombrado Paraná, al llegar la noche de la víspera de Todos los Santos, se juntaron nuestros dos buques, y preguntamos el uno al otro si estábamos en el río Paraná. Nuestro piloto decía que sí, que estábamos en el río, pero el otro piloto dijo a su capitán que no, que estábamos a veinte leguas de distancia de él: pues cuando dos o tres o más buques navegan juntos sobre el mar se reúnen siempre al ponerse el sol y se preguntan cuánta distancia han navegado durante el día y qué viento tomarán durante la noche para no separarse entre ellos. De nuevo preguntó nuestro piloto al otro buque si lo seguiría, pero el otro piloto dijo que ya era de noche y que prefería quedar en el mar hasta el alba y no tocar tierra en esa noche. Este piloto fue más sensato que el nuestro, como lo sabréis luego. Así nuestro piloto siguió su ruta, y dejó al otro buque.

XXX

Así navegamos esa noche, y tuvimos una gran tempestad hasta después de las doce o la una de la mañana; entonces vimos tierra, pero antes de que pudiéramos echar nuestra ancla el barco tocó fondo, y aún faltaba una buena legua de camino hasta la tierra. No tuvimos más recurso que rogar a Dios Todopoderoso que fuese benévolo y misericordioso, y así se sostuvo nuestro barco casi una hora; pero a la hora justa se hizo cien mil pedazos, y se ahogaron quince hombres y seis indias. Algunos se salvaron sobre maderas: yo y cinco compañeros, sobre el mástil. No pudimos encontrar de las quince personas ningún cadáver. ¡Dios sea con ellos clemente y misericordioso, así como con todos nosotros!

Tuvimos que hacer a pie cien leguas de camino, y como habíamos perdido con el buque todas nuestras ropas y provisiones, tuvimos que mantenernos con las frutas de los montes. Eso, y no otra cosa, tuvimos que comer hasta que llegamos a un puerto que se llama San Gabriel. Cuando llegamos allí, encontramos al buque antes dicho, con su capitán, que había llegado treinta días o un mes antes que nosotros.

Todo esto había sido comunicado a nuestro capitán Domingo Martínez de Irala en Buenos Aires, y los cristianos estuvieron muy afligidos por nosotros, pues creyeron que todos habíamos muerto, y habían mandado ya decir algunas misas para nuestras almas.

Después que llegamos junto a nuestro capitán Domingo Martínez de Irala, y le comunicamos cómo nos había ido en el viaje, mandó llamar al capitán y al piloto, y si no hubiera sido por los grandes ruegos de nuestro capitán, hubiera mandado ahorcar al piloto; así y todo, ese piloto tuvo que permanecer cuatro años sobre los bergantines.

Cuando todos estuvimos reunidos en Buenos Aires, mandó nuestro capitán que se aprestaran los bergantines, puso en ellos a toda la gente y mandó destruir los buques grandes guardando el hierro. Entonces remontamos el río Paraná hasta que llegamos a la ciudad de Nuestra Señora de la Asunción, donde nos quedamos por dos años mientras nuestro capitán esperaba una resolución de Su Cesárea Majestad.

XXXI

Entonces llegó de España un capitán general llamado Alvar Núñez Cabeza de Vaca, persona que había sido enviada por Su Cesárea Majestad con cuatrocientos hombres y treinta caballos. Vino este capitán en cuatro buques, dos grandes y dos carabelas, con los que había llegado al Brasil, a un lugar de anclaje que se llama Viaza, pero al que los españoles han dado el nombre de Santa Catalina, y allí resolvió cargar bastimento en sus buques. Mandó entonces las dos carabelas a buscar provisiones a una distancia de dos leguas de dicho puerto, pero cuando dichos buques estaban en viaje, sobrevino una tormenta tan grande que los dos quedaron en el mar y solamente se pudo salvar la gente que en ellos estaba. Cuando este capitán Alvar Núñez Cabeza de Vaca vio que había perdido dos buques y que no podía aventurarse sobre el mar con los otros dos, porque éstos también estaban descalabrados y hechos pedazos, decidió desmantelar sus otros dos buques y venirse por tierra al Río de la Plata. Así este capitán Alvar Núñez Cabeza de Vaca llegó a nuestra ciudad de Nuestra Señora de la Asunción en el Paraguay, trayendo consigo trescientos de los cuatrocientos hombres, muriendo los demás por hambre y enfermedades.

Este capitán había viajado con su gente durante ocho meses, pues hay quinientas leguas de camino entre la ciudad de Nuestra Señora de la Asunción y el antes nombrado puerto de Santa Catalina. Alvar Núñez Cabeza de Vaca traía desde España el nombramiento de gobernador dado por Su Cesárea Majestad para que el capitán general Domingo Martínez de Irala le trasfiriese el mando. Con esto el capitán y la gente estuvieron conformes, y le obedecieron. Esto no lo entendieron muy bien los soldados: pero entre los clérigos y dos o tres capitanes lo arreglaron todo e hicieron que él mandara. Cómo le fue luego, muy pronto habréis de saberlo.

XXXII

Nuestro capitán Alvar Núñez Cabeza de Vaca hizo una revista de la gente y encontró que entre los que ya estábamos en el país y los que con él habían venido, éramos, en total, unos ochocientos hombres. En ese entonces hizo hermano suyo, por juramento, a Domingo Martínez de Irala, para que mandase y dispusiera como lo había hecho antes.

Alvar Núñez Cabeza de Vaca hizo construir nueve bergantines y quiso remontar el río Paraguay hasta donde pudiera, enviando primero tres bergantines con ciento quince hombres, para que fueran hasta donde fuese posible y buscaran indios que tuvieran mandioca y trigo turco, o sea maíz. Nombró también dos capitanes que debían mandar los tres buques, uno llamado Antonio Cabrera, otro Diego de Tovalina y el tercer buque iba con Alonso Riquel, como lugarteniente de otro capitán. Así llegaron a una nación que se llama Surucusis, que tenían pescado, carne, maíz y mandioca, así como otra raíz que se llama maní y se parece a las avellanas; los hombres de esa nación llevan en el labio una piedra azul y las mujeres llevan cubiertas sus vergüenzas.

Desde allí marchamos, tierra adentro, durante cuatro días, dejando algunos compañeros junto a los buques para que los cuidaran mientras estuviéramos ausentes. El cuarto día llegamos a una aldea de los carios, donde vivían alrededor de tres mil hombres, que nos dieron informes de la tierra. Entonces volvimos atrás y llegamos a nuestros buques y navegamos río abajo hasta que llegamos a una localidad llamada Diquerery. Allí los indios nos dieron una carta por la que nuestro capitán general Alvar

Núñez Cabeza de Vaca ordenaba se ahorcara al indio principal de Diquerery, que se llamaba Alcaré, y dimos cumplimiento a ello en seguida, apenas la carta había llegado a nuestras manos. Por ello se originó después una gran guerra de los carios contra nosotros los cristianos, por causa de haber ahorcado al susodicho indio. Todo lo cual lo sabréis oportunamente. Cuando se hubo cumplido lo mandado, navegamos y llegamos a la ciudad de Nuestra Señora de la Asunción, y dimos nuestra relación del país y de todo lo que en él había.

XXXIII

Cuando nuestro capitán Alvar Núñez Cabeza de Vaca hubo escuchado nuestros relatos, ordenó a los carios, que vivían junto a nuestra ciudad de Nuestra Señora de Asunción, que dieran a nuestro capitán dos mil indios para que marcharan con él río arriba. Dijeron que estaban dispuestos, pero que reflexionara bien antes de salir del país, pues se había levantado Tabaré con buena parte del poder de los carios y quería marchar contra los cristianos, porque ese Tabaré era hermano de aquel indio a quien se había ahorcado, y quería vengar esa muerte.

Cuando nuestro capitán general se enteró de eso, tuvo que suspender el viaje y marchar contra los enemigos, para lo cual mandó a su hermano de juramento, Domingo Martínez de Irala, con cuatrocientos hombres y dos mil indios, a combatir al cario Tabaré, hasta derrotarlo y expulsarlo del país. Obedeció Domingo Martínez de Irala a ese mandato y partió de la ciudad, y fue con su gente hasta llegar donde estaba el cario Tabaré, y le requirió obediencia en nombre de Su Cesárea Majestad, pero este Tabaré no quiso obedecer y quedó, con mucha gente, dentro de su aldea que había fortificado grandemente con palizadas, o sea muros de palos. La localidad tenía tres palizadas y grandes fosos muy profundos, donde había clavadas lanzas de madera; de estos fosos había muchos y estaban cubiertos y disimulados con paja, ramitas y hierbas, para que no se viera que allí estaban. Pero nosotros sabíamos muy bien cómo estaban arregladas todas las cosas.

Acampamos allí durante tres días, y en el cuarto, poco antes de hacerse el día, asaltamos la aldea y entramos en ella y matamos cuantos encontramos y cautivamos muchas de sus mujeres, lo que fue una gran ayuda; el resto de los hombres escapó. Hubo dieciséis muertos entre nuestra gente y muchos heridos, y también murieron muchos de los indios que iban con nosotros; pero nada ganaron los otros, pues murieron como tres mil de entre esos caníbales. Como habíamos vencido a los carios y apresado sus mujeres, vinieron Tabaré y su gente y rogaron que se les diese perdón y se les devolvieran sus mujeres y niños, prometiendo en cambio someterse y servir a los cristianos. Nuestro general tuvo que concederlo, pues así lo había mandado Su Cesárea Majestad: que si un indio viene y pide perdón, hasta por tercera vez debe concedérsele; pero si falta a su palabra, él y sus hijos son esclavos si se les puede tomar.

XXXIV

Después de esta paz, volvimos adonde estaba nuestro capitán general Alvar Núñez Cabeza de Vaca y le informamos cómo había sido el viaje. Y así que vio que la tierra estaba pacificada, ordenó a la gente que se preparase porque él quería realizar entonces el viaje de que antes se habló. Comunicó a los indios principales, y entre ellos a Tabaré, que trataran y dispusieran dos mil hombres con armas, para que acompañasen en tal viaje a nuestro capitán general, y ellos estuvieron conformes y dijeron que se presentarían obedientes, tal como se les había mandado. También ordenó a los carios que cargaran nueve bergantines con sus provisiones.

Cuando en dos meses todo quedó dispuesto, nuestro capitán tomó unos doscientos hombres consigo, dejando los trescientos hombres restantes en la ciudad de Nuestra Señora de la Asunción, y se embarcó y comenzó a subir el río Paraguay. En la ciudad de Nuestra Señora de la Asunción dejó un capitán llamado Juan Salazar.

Nuestro capitán navegó por el río Paraguay, con sus quinientos hombres y dos mil indios, indios que iban en ochenta y tres canoas. Los cristianos teníamos nueve bergantines y en cada uno de ellos llevábamos dos caballos. A estos caballos se les hizo marchar por tierra como cien leguas, hasta que llegamos a un cerro que se llama San Fernando, donde nuestro capitán hizo embarcar los caballos en los buques.

Llegamos donde vivían nuestros enemigos, los antes dichos payaguás, pero éstos no quisieron esperarnos y huyeron con sus mujeres, quemando las casas. Viajamos luego otras cien leguas sin hallar a nadie, hasta que llegamos junto a una nación que se llama Guajarapos. Son muchísima gente y viven en un país que tiene cien leguas a lo largo y a lo ancho y tienen carne y pescado, y canoas tienen en número indecible. Sus mujeres también llevan cubiertas las vergüenzas. Tampoco estos indios quisieron tratarnos y huyeron ante nosotros. De allí navegamos hasta llegar a la nación de los surucusis, donde habían estado los tres buques en el anterior viaje de Irala. Desde los antes nombrados guajarapos hasta estos surucusis, hay noventa leguas de camino; cuando llegamos allí, nos trataron muy bien. Los hombres llevan colgando de la oreja un disquillo redondo de madera, del tamaño de una ficha de damas; las mujeres llevan una piedra de cristal gris en el labio, del tamaño, en largo y grueso, de un dedo. Los surucusis viven muy regularmente, cada uno con sus mujeres e hijos. Las mujeres son muy hermosas y no se rapan parte alguna de su cuerpo, pues andan desnudas tal como su madre las echó al mundo. Tienen maíz, mandioca, maní, batatas y otras raíces, pescado y carne, todo en abundancia. Permanecimos entre ellos durante catorce días, y entonces nuestro capitán les preguntó sobre otra nación que se llama Carcará, pero sobre éstos nada pudieron decir los dichos surucusis, aunque dijeron que estaban en sus aldeas: pero todo era mentido. Mandó entonces nuestro capitán que nos aprestáramos, pues él quería penetrar en la tierra con trescientos cincuenta hombres, dejando ciento cincuenta en los buques. Llevó también consigo los dieciocho caballos y los dos mil carios que con nosotros habían venido de Nuestra Señora de Asunción, y penetró nuestro capitán tierra adentro; pero no hizo mucho, pues él no era hombre para ello, y además sus capitanes y soldados estaban enemistados con él, pues así lo había provocado con su comportamiento con la gente.

Así marchamos durante dieciocho días, sin

72

que halláramos ni carios ni otros indios; y nosotros no llevábamos con nosotros muchas provisiones. Nuestro capitán Alvar Núñez Cabeza de Vaca no quiso entonces seguir más adelante y retornó a los buques; pero ese mismo día ordenó a un español que se llamaba Francisco de Ribera que, junto con diez españoles bien armados, siguiera delante por diez días más, y que si en esos diez días no encontraba indios se volviera, que los esperaríamos junto a los buques.

Estos diez españoles hallaron entonces un gran pueblo, que tenía maíz y mandioca y otras raíces. Pero ellos debieron ocultarse de los indios y volvieron junto a nuestro capitán y relataron todo lo que habían visto. Entonces nuestro capitán quiso entrar nuevamente tierra adentro y buscar la mencionada nación que habían visto los diez cristianos, pero no pudo internarse en la tierra por causa del agua.

XXXV

Mandó nuestro capitán un buque con ochenta hombres, con un capitán llamado Hernando de Ribera, para que navegáramos por el río Paraguay arriba, buscando una nación que se llama los Jerús, y luego entrar en la tierra por dos días como más y volver trayendo la relación del país y de los indios. Después de separarnos de nuestro capitán y de los buques, al primer día de camino dimos con la otra orilla del río, donde hallamos un grupo de surucusis que viven en una isla rodeada por el río Paraguay. Ellos tienen maní, maíz, batata, mandioca-pepirá, mandioca-poropí, bocaja y otras raíces; también tienen carne y pescado. Quedamos con ellos durante ese día, y partimos al siguiente y entonces, para mostrarnos el camino, partieron con nosotros dichos indios con diez canoas, y cogían para nosotros carne del monte y pescado, dos veces en cada día, y así todos los días.

Viajamos nueve jornadas hasta que llegamos a una nación que se llama Yacaré, nación donde vive muchísima gente. Estos indios son altos y grandes, hombres y mujeres; en toda la tierra del Río de la Plata no hay ni he visto gente más grande que los yacarés. Están a treinta y seis leguas de camino de los antes nombrados surucusis y no tienen para comer otra cosa que carne y pescado. Las mujeres se cubren las vergüenzas con un trapo de algodón. Allí quedamos un día, y los surucusis regresaron a su tierra en sus canoas. Pidió entonces nuestro capitán Hernando Ribera a los yacarés que le mostraran el camino para los jerús, cosa que aceptaron, marchando con nosotros ocho canoas de los yacarés, y todos los días cogían para nosotros, por dos veces, carne del monte y pescado para que tuviéramos comida.

Esta nación se llama Yacaré por causa del yacaré, que es un pez que lleva un cuero tan duro que no se lo puede herir con cuchillo o con flecha. Es un pez grande, que hace daño a los otros peces; los huevos los despide o pone sobre la orilla, a dos o tres pasos del río; estos huevos o simiente de este pez tienen gusto a almizcle. Este pescado es bueno para comer, especialmente la cola, que es la mejor parte, y su carne no es nociva. Vive siempre en el agua. Allá entre nosotros se cree que este pez yacaré es animal sumamente espantoso que envenena y hace gran daño en las Indias, y se dice que cuando este pez sopla su aliento sobre alguno, éste debe morir; pero todo esto es fábula, pues si así fuera, yo mismo habría muerto cien veces, pues he cazado y comido más de tres mil de ésos. No hubiera escrito sobre este pescado si no hubiera visto su cuero en un pabellón de caza de mi clemente señor duque Alberto. Por eso hablé de esto. Como en el antes mencionado lugar de los yacarés, hay la más grande cantidad de esos peces, más que en cualquier otro lugar; por eso que hay tantísimos que llaman Yacaré a la nación de indios.

Una vez llegamos a una nación que se llaman ellos mismos Jerús, cuyo rey cuando supo de nuestra llegada vino a nuestro encuentro, recorriendo un largo camino, con gran majestad y esplendor; y delante de él venían sus músicos, pero detrás de él una incontable muchedumbre de pueblo caminando, todos desnudos. Este rey nos recibió muy espléndidamente y dejó que todos nos albergáramos en ciertas casas, pero al capitán lo llevó con él a su propia mansión. Hizo asar venados y otras piezas de caza para deleitarnos. A este rey lo distraían los músicos con sus instrumentos de viento durante la comida, todos los días, tal como las dulzaínas entre nosotros; también durante la comida danzaban los más hermosos hombres y mujeres ante él, y así le daban placer y le hacían pasar el tiempo.

XXXVI

Navegamos e hicimos treinta y seis leguas de camino y llegamos a una nación que se llama Jerús, después de nueve días de navegación, pero no era entre esos jerús donde estaba su rey. Los jerús llevan colgando en las orejas un aro redondo de madera, y el lóbulo de la oreja está plegado o arrollado alrededor de ese aro: esto merece la pena de verse por quien no lo haya visto. Los hombres llevan una gran piedra de cristal azul, grande como una pieza de damas, atravesando el labio, y se pintan de azul de las rodillas para arriba, asemejando sus pinturas a las calzas y jubones que allá en Alemania se usan. Las mujeres están pintadas en forma muy hermosa desde los senos hasta las vergüenzas, también de color azul. Esta pintura es muy hermosa, y un pintor de Europa tendría que esforzarse para hacer ese trabajo. Las mujeres son bellas a su manera y van completamente desnudas. Pecan llegado el caso: pero yo no quiero hablar demasiado de eso en esta ocasión.

Nos quedamos un día con los jerús y luego marchamos, durante tres días, al lugar donde se hallaba el rey de los jerús. Éste vive cuatro leguas tierra adentro; pero también tiene otro asiento a las orillas del río Paraguay. Dejamos el buque a cargo de doce españoles para que lo cuidaran, de modo que tuviéramos amparo a nuestra vuelta, y ordenamos a los carios que allí quedaban que prestaran obediencia y buen tratamiento, cosa que así hicieron. Nos aprestamos para el viaje y tomamos lo que precisábamos y después de dos días cruzamos el río Paraguay y llegamos al lugar donde el rey en persona vive, y cuando estábamos a una legua de camino de esa localidad, vino a nuestro encuentro el propio rey jerús, con doce mil hombres, más bien más que menos, y nos esperaron pacíficamente sobre un llano. Y el camino sobre el que íbamos era de un ancho como de ocho pasos y en este camino no había ni pajas, ni palos ni piedras sino que estaba cubierto de flores y hierbas, así hasta llegar a la aldea. El rey tenía consigo su música, que es como la que usan los señores allá en Alemania. También había ordenado el rey que a ambos lados del camino se cazaran venados y otros animales salvajes, de modo que habían cazado cerca de treinta venados y veinte avestruces o ñandús, cosa que merecía la pena de verse.

Cuando llegamos a la aldea, el jerús principal o rey, aposentó en cada casa a dos cristianos, y condujo a su propia casa a nuestro capitán y a sus mozos. A nosotros, los soldados, se nos aposentó cerca de la casa del rey, recomendando éste a sus gentes que nos trataran bien y nos dieran todo aquello de que necesitáramos y no teníamos.

El rey de los jerús tiene su corte como un gran señor de Europa. Durante las comidas se toca la música; a mediodía, si el rey así lo quiere, bailan ante él los hombres y las mujeres más bellas. Cuando nosotros veíamos bailar esas mujeres, nos quedábamos con la boca abierta, pues vale la pena ver ese baile de los jerús.

Los hombres y las mujeres son iguales a los antes mencionados jerús de quienes hablé en páginas anteriores.

En estos lugares las mujeres hacen grandes mantas de algodón, muy finas y sutiles, y bordan en ellas muchos animales, como venados y avestruces, ovejas indias y toda otra clase de cosas que han visto y aprendido, y cuando hace frío, duermen entre esas mantas o se sientan sobre ellas o las usan para cualquier otro menester. Estas mujeres son muy hermosas, grandes amantes, afectuosas y de cuerpo ardiente, según mi parecer.

Allí nos quedamos por cuatro días y el rey preguntó entonces a nuestro capitán sobre su deseo e intención, a lo que éste contestó que deseaba buscar oro y plata. El rey de los jerús le dio entonces una corona de plata que pesaba un marco y medio, y también una planchita de oro

79

larga como jeme y medio y ancha de medio jeme; también le dio un brazalete y otras cosas de plata. El rey de los jerús dijo entonces a nuestro capitán que él no tenía más oro ni más plata; que ése que antes mencioné él lo había conquistado y quitado, tiempo antes, a las amazonas. Nos alegramos cuando oímos lo que nos dijo del país de las Amazonas y de sus grandes riquezas, y nuestro capitán preguntó al rey si podíamos ir por agua con nuestro buque y cuánta distancia habría hasta dichas amazonas. Y el rey contestó que no podríamos viajar por agua en nuestro buque, sino que debíamos viajar por tierra y durante dos meses seguidos.

XXXVII

Entonces marchamos contra esas amazonas. Tienen esas mujeres un solo pecho y se juntan y tienen comunicación carnal con sus maridos tres o cuatro veces en el año. Si entonces se preñan y nace un varoncito, lo envían a casa del marido; pero si es una niñita la guardan con ellas y le queman el seno derecho para que éste no crezca y pueda así usar sus armas, los arcos, pues ellas son mujeres guerreras que hacen la guerra contra sus enemigos. Viven estas mujeres amazonas en una isla, que es grande y está rodeada por agua y hay que viajar en canoas si

80

se quiere llegar allá. En esta isla las amazonas no tienen oro ni plata, sino en tierra firme, que es donde viven los maridos; allí tienen gran riqueza y son una gran nación que tiene un gran rey llamado Iñis, como después nos dijo el ortués.

Nuestro capitán Hernando Ribera pidió al rey de los jerús que nos diera algunos hombres, para llevar los bagajes y mostrar el camino, pues quería marchar tierra adentro y buscar las amazonas. Contestó el dicho rey que estaba dispuesto a darnos esos hombres, pero que la época no era buena para marchar tierra adentro, porque la tierra estaba llena de agua; pero nosotros no quisimos creerle y le pedimos los indios. Entonces el rey dio a nuestro capitán veinte hombres que debían llevarle comida y bagajes y a cada uno de nosotros cinco indios para que nos atendieran y llevaran nuestros bagajes, pues debíamos viajar durante ocho días sin que en ese tiempo pudiésemos encontrar gente alguna. Así llegamos a una nación que se llama Siberis, que son indios semejantes a los dichos jerús, hablan el mismo idioma y tienen los mismos alimentos. Marchamos durante esos ocho días a veces con el agua a la cintura y siempre, día y noche, hasta la rodilla, sin que pudiéramos salir de ella en ningún momento. Cuando queríamos hacer fuego, colocábamos leños unos encima de otros y recién entonces encendíamos fuego, ocurriendo a veces que

81

fuego, olla y comida, todo se cayó al agua y tuvimos que quedarnos sin comer. Tampoco tuvimos descanso ni sosiego, ni de día ni de noche, por los mosquitos que no nos dejaban ni dormir. Preguntamos a dichos siberis si más adelante seguiríamos encontrando agua, y nos contestaron que por cuatro días más caminaríamos en el agua y luego cinco días más por tierra, y entonces llegaríamos a una gran nación llamada de los Ortueses; pero que para ir allí éramos demasiada poca gente y que debíamos regresar. No quisimos hacerlo y dijimos entonces a los jerús que venían con nosotros que se volvieran a su pueblo, pero ellos nos contestaron que no, que no lo harían porque su rey les había mandado que se quedaran con nosotros y nos sirvieran hasta que saliéramos del país. Entonces los antes mencionados siberis nos dieron diez indios para que junto con los jerús nos mostraran el camino para llegar al país de los ortueses, y nosotros caminamos durante siete días con el agua entre la cintura y la rodilla. Esta agua estaba caliente como si hubiera estado sobre el fuego, y no teníamos otra para beber que esa misma. Podría pensarse que esa agua era un río, pero no era así, sino que había llovido tantísimo por aquel tiempo hasta que el país, que era llano, quedó cubierto de agua. Nosotros, con el tiempo, bien que tuvimos que sentir esa agua, como sabréis luego por mi narración. Al noveno día, poco antes del mediodía, entre las diez y las once, llegamos al pueblo de los ortueses. A las once estábamos junto a su aldea, pero recién a las doce llegamos al centro de la misma, donde está la casa principal de los ortueses. La gente de la aldea se moría de hambre y no tenía nada que comer a causa del tucu o langosta, que les había comido por dos veces las mieses y las frutas de los árboles: cuando nos enteramos de esto, nos asustamos mucho, pues nosotros tampoco teníamos mucho para comer. Nuestro capitán preguntó al ortués principal noticias sobre las amazonas, y él contestó que había que viajar un mes todavía para llegar hasta ellas, y que el país estaba lleno de agua, como después se comprobó.

El principal de los ortueses dio a nuestro capitán cuatro planchas de oro y cuatro argollas, de esas que se colocan en los brazos, hechas de plata. Los indios llevan esas planchas en la frente como adorno, en la misma forma que aquí en el país un gran señor lleva una cadena de oro. Nuestro capitán dio al principal de los ortueses, a cambio de las planchas y argollas, unas hachas, cuchillos, rosarios, tijeras y otras cosas que habíamos traído de Nuremberg para hacer esos rescates. Hubiéramos querido exigir más a los ortueses, pero no pudimos hacerlo porque éramos demasiado pocos y los indios muchísimos, tanto que yo no he visto en todas las Indias nación ni localidad más grande que ésta de los ortueses, y eso que yo he andado mucho y por muchísimas partes. Fue para nosotros una suerte que hubiera tanta hambre en el país porque de no ser así, quién sabe si hubiéramos salido de allí con vida.

XXXVIII

Después de todo esto regresamos de nuevo hacia los antes nombrados siberis y jerús. Teníamos muy pocos bastimentos y tuvimos que comer un árbol que se llama palma, y cardos y otras raíces que por allí crecen. Cuando llegamos junto a los jerús la mitad de nuestra gente estaba a las puertas de la muerte por causa del agua y de la escasez que habíamos tenido durante este viaje, pues durante treinta días y treinta noches tuvimos que marchar sin salir nunca del agua y beber esa misma agua asquerosa. Quedamos cuatro días con dichos jerús, y allí estaba el rey, y nos trató muy bien, ordenando a sus vasallos que nos dieran comida en abundancia, y todo lo que precisábamos. Así fue que cada uno de nosotros logró en este viaje un valor como de doscientos duros en mantas, algodón y plata que habíamos comprado a los indios sin que nadie se enterara, a cambio de cuchillos, rosarios, tijeras, espejos y otras cosillas.

Volvimos a navegar río abajo hacia donde estaba nuestro capitán general Alvar Núñez Cabeza de Vaca, y cuando allí llegamos, nuestro general mandó que no dejáramos nuestro buque so pena de muerte, y él en persona vino a nuestro buque y aprisionó a nuestro capitán Hernando Ribera. También Alvar Núñez Cabeza de Vaca, nuestro capitán general, nos quitó todo lo que nos habíamos traído de tierra y quiso colgar de un árbol a Hernando de Ribera, que había ido a tierra como nuestro capitán. Pero cuando nosotros, los que aún estábamos en el bergantín, supimos esto, nos amotinamos con otros amigos seguros que teníamos en tierra para que nuestro capitán Alvar Núñez Cabeza de Vaca dejase suelto y libre a Hernando Ribera y además nos devolviera todo lo que nos había quitado y robado. Cuando vio nuestra ira, bien pronto lo dejó suelto y nos devolvió todo lo que nos había quitado y nos pidió que nos tranquilizásemos. Ya sabréis más adelante lo que luego le pasó a nuestro capitán Alvar Núñez Cabeza de Vaca.

Cuando todo esto estuvo así arreglado en paz y amistad, pidió nuestro capitán general, a Hernando Ribera y a nosotros, que le hiciéramos una relación de la tierra y de los indios; y tan bien lo hicimos que quedó muy contento y nos dijo que había hecho prender a nuestro capitán y quitado nuestras cosas porque no habíamos acatado sus órdenes, pues él nos había mandado solamente navegar hasta llegar a los

jerús, marchar cuatro jornadas y volver en seguida de vuelta trayendo la relación. En cambio,
nosotros habíamos entrado tierra adentro por
dieciocho días.

XXXIX

Cuando Alvar Núñez Cabeza de Vaca se enteró
de todo, quiso marchar tierra adentro, pero nosotros nos opusimos pues la tierra estaba llena
de agua, la gente estaba casi toda enferma, y además los soldados no andaban bien con el capitán
general, pues éste era un hombre que en su vida
había tenido mando ni gobernado. Así nos quedamos durante dos meses con los antes nombrados siberis y entonces tuvo nuestro capitán
general una gran fiebre que lo puso muy enfermo; si en ese tiempo hubiera muerto no se hubiera perdido gran cosa, pues se había portado
de tal modo con los soldados que nada bueno
podíamos decir de él. Entre los surucusis que
habitan estas tierras no he visto indio alguno
con edad de cuarenta o cincuenta años, pues ja-
más llegan a ella; tampoco he visto nunca país
más malsano que ése. Se halla en un trópico, o
sea donde el sol está en lo más alto, y es una tierra tan malsana como Santo Tomé. Allí entre los
surucusis he vuelto a ver la Osa Mayor, pues habíamos dejado de ver esa estrella en el cielo en

cuanto pasamos aquella isla de Santiago de que os he hablado antes.

Como nuestro capitán general Alvar Núñez Cabeza de Vaca se sentía muy enfermo, mandó llamar a la gente y ordenó que se navegase Paraguay abajo hasta la ciudad de Nuestra Señora de Asunción; pero todos estaban enfermos y nada podía hacerse. Tampoco la gente estaba contenta, ni nadie hablaba bien de él, por la forma en que se había conducido. El capitán general dispuso, sin embargo, que se aparejasen los buques, porque dentro de catorce días quería viajar río abajo.

Cuando los buques estuvieron listos, mandó nuestro capitán general que cuatro bergantines con ciento cincuenta hombres y dos mil carios, viajaran hacia una isla situada a unas cuatro leguas de camino de donde estábamos, y, al llegar a esa isla, debíamos matar y cautivar a los surucusis, matando a todos los varones adultos. Cumplimos el mandato de nuestro capitán y así lo hicimos; cuando hablé antes de los surucusis habéis visto cómo nos habían recibido, y ahora veis cómo nosotros les dábamos las gracias. Esto fue una mala acción. Cuando llegamos hasta los surucusis con toda nuestra gente, éstos salieron desprevenidos de sus casas y se nos acercaron sin armas, sin arcos ni flechas, en forma pacífica. En esto empezó una discusión entre surucusis y carios. Cuando oímos eso, disparamos nuestros arcabuces, matamos a cuantos encontramos y cautivamos como dos mil entre hombres, mujeres, muchachos y chicos, y luego quemamos su aldea y tomamos cuanto allí había, tal como podéis pensar vosotros que siempre ocurre en tales casos. Después volvimos a donde estaba nuestro capitán general y le informamos de cuanto había ocurrido. Quedó él muy satisfecho y mandó que toda la gente estuviera preparada pues dentro de cuatro días saldríamos todos río Paraguay abajo hacia la ciudad de Nuestra Señora de Asunción, donde habíamos dejado al resto de los cristianos. Cuando llegamos a esta ciudad de Nuestra Señora de Asunción, nuestro capitán estuvo enfermo con fiebre y quedó en su palacio, sin salir para nada, durante catorce días; pero ello fue más por picardía y soberbia que por enfermedad, pues así evitaba hablar con la gente. Se portó de esa impropia manera, pues un capitán que quiere gobernar un país debe siempre prestar y dar atención tanto al grande como al chico y hacer justicia, y mostrarse benevolente tanto para el más humilde como para el más alto. Nada de esto él hizo, sino solamente quiso hacer cuanto su orgullo y soberbia le dictaban.

XL

Cuando la gente vio que el capitán general no quería moderarse, nobles y villanos decidieron hacer una asamblea, pues querían prender al capitán general y enviarlo a Su Cesárea Majestad, haciéndole saber cómo se había portado con la gente y cómo no podía gobernar el país; así como los otros artículos y agravios que hay en el memorial enviado a Su Majestad, explicándole además cómo se había dispuesto de su prisión y quién lo había prendido; todo lo cual sabréis inmediatamente.

En esto intervinieron los cuatro señores que Su Cesárea Majestad había nombrado contador, tesorero y escribano, que tenían los nombres de Alonso Cabrera, don Francisco Mendoza, García Vanegas y Felipe de Cáceres. Los cuatro señores, en representación de Su Cesárea Majestad y como doscientos soldados, prendimos de improviso al referido señor Alvar Núñez Cabeza de Vaca, nuestro capitán general, el día de San Marcos del año mil quinientos cuarenta y tres. Tuvimos preso en la cárcel a este señor Alvar Núñez Cabeza de Vaca durante un año, hasta que se aparejó una carabela y se mandó a España a dicho señor, en compañía de otros dos señores, aprestando el buque con todo lo que era menester, como ser marineros y bastimentos y otras cosas.

Cuando se envió fuera del país al señor Alvar Núñez Cabeza de Vaca, fue necesario elegir e instituir alguien que nos hiciera justicia y gobernase la tierra mientras Su Cesárea Majestad no dispusiere y mandara su representante.

Nos pareció entonces conveniente elegir a Domingo Martínez de Irala, que ya antes había gobernado, como habéis sabido antes; además, la gente se llevaba muy bien con este Domingo Martínez de Irala y la mayor parte estaba muy contenta con él. Los amigos del antes nombrado Alvar Núñez Cabeza de Vaca estaban, en cambio, disgustados; pero eso no nos preocupaba.

En ese tiempo estuve muy enfermo de hidropesía, que me la traje del país de los ortueses cuando yo y mis compañeros tuvimos que andar tanto tiempo por el agua y sufrimos tanta escasez que de los ochenta hombres sólo nos salvamos treinta; de todo eso y de cómo nos fue en ese viaje ya os he contado antes.

XLI

Después de haber enviado a nuestro capitán general a España, los cristianos empezamos a estar los unos contra los otros, sin aceptarnos nada ni creer nada bueno unos de otros; nos batíamos día y noche y nos guerreábamos en tal forma que ni el diablo hubiera podido gobernarnos, y ninguno estaba seguro de otro. Durante dos años enteros así luchamos y todo por culpa de Alvar Núñez Cabeza de Vaca. Cuando los carios, que hasta entonces habían sido nuestros amigos, vieron que los cristianos luchábamos entre nosotros, planearon y resolvieron matarnos a todos los cristianos y echarnos fuera del país. Dios Todopoderoso no ayudó a los carios a que su plan y propósito se realizaran, a pesar de estar contra nosotros todo el país de los carios y con ellos la nación de los agaces. Cuando los cristianos nos dimos cuenta, hicimos la paz entre nosotros y también con otras dos naciones de indios que tenían como cinco mil guerreros y que se llaman Yapirus y Guatatas. Estos tienen para comer solamente carne y pescado y son muy valientes guerreros, tanto por tierra como por agua. Sus armas son dardos, largos como media flecha, aun cuando no tan gruesos, que en la punta llevan un filo de pedernal. También llevan en el cinto un palo que termina en una porra; cada uno lleva además un número cualquiera, diez o doce, de unos palitos, de un jeme de largo, que en la punta llevan el diente de un pescado, parecido a la tenca y que en español se llama palometa. Este diente corta como una navaja de afeitar. Ved ahora lo que hacen con esos palitos. Primero pelean con sus dardos y cuando han vencido a sus enemigos y los han puesto en fuga, dejan los dardos y corren tras sus enemigos hasta que los alcanzan, y entonces los hacen caer con un golpe de su porra. Si está muerto o medio muerto, que lo mismo les da, con el referido diente de pescado le cortan la cabeza; y luego lo vuelven a guardar en el cinturón o en lo que tengan en derredor del cuerpo. Estos indios cortan las cabezas con una velocidad increíble; tardan menos en cortarla que yo en decirlo. Vosotros os preguntaréis qué hacen entonces con esas cabezas: ya os lo voy a decir. Cuando ha terminado la batalla y hay entonces tiempo, de día o de noche, toma el indio la cabeza y la desuella cortando en derredor de la frente y de las orejas; desprende la piel con pelo y todo y la reseca cuidadosamente. Cuando está reseca, la coloca sobre un palo en la puerta de su casa como recuerdo; tal como aquí en esta tierra se acostumbra que los capitanes u otros guerreros pongan sus pendones en la iglesia. En esa misma forma es que esos indios guardan la referida piel.

Estos yapirus y guatatas nos mandaron como mil guerreros, y quedamos con ello muy contentos.

XLII

Salimos entonces de nuestra ciudad de Nuestra Señora de Asunción, con nuestro capitán general al frente de trescientos cincuenta cristianos y mil yapirus. Cada cristiano tenía tres yapirus para que lo atendieran, pues nuestro capitán así lo había dispuesto y nos había dado esos indios. Después de tres leguas de camino llegamos hasta donde los carios, en número como de quince mil, estaban acampados, y ya habían formado sus filas. Entre las tres y las cuatro llegamos a una media legua de camino de ese lugar donde estaban los carios, pero ese día no quisimos atacarlos porque estábamos muy cansados y además llovía; así que nos detuvimos en un gran bosque donde acampamos esa noche. Al otro día, más o menos a las seis, marchamos contra ellos; a las siete chocamos con ellos y combatimos desde esa hora hasta las diez. Entonces huyeron cuatro leguas más lejos, hasta un lugar llamado La Frontera, que habían fortificado; allí el jefe principal se llamaba Macaria. Murieron en esa batalla como dos mil carios entre los que matamos en la batalla y las cabezas que luego trajeron los yapirus. El principal de los yapirus se llamaba Macacay. Los carios mataron con sus flechas unos diez hombres de entre los cristianos y cuarenta yapirus y guatatas; también hubo muchos heridos por los carios. A la gente que entre nosotros resultó herida, la mandamos de vuelta a nuestra ciudad de Nuestra Señora de Asunción; y nosotros, con el grueso de las fuerzas, partimos en seguimiento de los carios hasta llegar al lugar antes mencionado donde estaba Macaria, el principal de los carios. Los carios habían rodeado su aldea con tres palizadas de postes, que parecían muros. En efecto, los postes eran gruesos como un hombre y sobresalían de la tierra como tres brazas, y tenían enterrado un largo igual a la altura de un hombre. También habían cavado unos fosos, y en el fondo de éstos clavado en la tierra estacas pequeñas, puntiagudas como agujas, cinco o seis en cada foso, en la misma forma que ya os he contado antes. La localidad estaba muy fuerte y dentro de ella había innumerables guerreros. Acampamos tres días frente a ese lugar, y en ese tiempo nada pudimos hacerles, hasta que Dios Todopoderoso nos inspiró con su gracia divina y pudimos hacerlos caer en nuestro poder, construyendo grandes rodelas o paveses con cueros de venados y antas. Este último es un animal grande como un mulo, es de color gris y tiene pies de vaca; pero en lo demás, cabeza y oreja, se parece al mulo. Son buenos para comer y hay muchísimos en esa tierra y tienen el cuero grueso como medio dedo: no digo del largo sino del grueso del dedo. Dimos cada uno de esos paveses a un indio, y junto a ese yapiru que llevaba el pavés, debía ir otro yapiru con una buena hacha; con esos dos indios, el que llevaba el pavés y el que llevaba el hacha, debía ir un arcabucero. Así se hicieron como cuatrocientos paveses.

Cuando todo estuvo aprestado, entre las dos y las tres, atacamos a los carios. Antes de haber pasado tres horas, ya habíamos destruido y ganado las tres palizadas y entramos en el pueblo y matamos mucha gente, hombres, mujeres y niños. La mayor parte de los carios se habían escapado y huyeron a otra localidad que quedaba a veinte leguas de camino y que se llama Carahiba. En este punto se hicieron muy fuertes: había mucha gente y estaban muy fortificados. Para el caso en que les tomáramos la localidad, tenían al lado un bosque como amparo y refugio, como sabréis luego.

Nuestro capitán general, Domingo Martínez de Irala, y todos nosotros, llegamos a la referida Carahiba a las cinco, o sea al anochecer, y acampamos sitiando la localidad por tres partes, mientras entramos ocultamente al bosque un destacamento, en cuanto fue noche.

Desde Nuestra Señora de Asunción habían venido en nuestra ayuda doscientos cristianos y quinientos yapirus y guatatas, pues mucha gente nuestra, cristianos e indios, había sido herida en la batalla frente a La Frontera y la habíamos mandado de vuelta pidiendo que viniera gente de refresco. Una vez que vino, como acabáis de

95

saber, ese refresco, fuimos de nuevo cuatrocientos cincuenta cristianos y mil trescientos yapirus y guatatas. Los carios habían rodeado su lugar con palizadas y trincheras, de manera que eran muy fuertes, como nunca habían sido en otro lugar. También habían construido unas tarimas de troncos que estaban dispuestas como trampas y que si caían podían aplastar veinte o treinta hombres. Había muchísimas trampas de éstas; pero Dios Todopoderoso nos ayudó con su gracia divina y no quiso que así sufriéramos daños.

Acampamos frente al referido lugar de Carahiba durante cuatro días; pero nada hubiéramos podido ganar a no ser por la traición, que allí la hay como en todo el mundo. Así una noche se presentó ante nuestro capitán general Domingo Martínez de Irala, un indio que era de la propia nación caria y principal de ellos y le pidió que no se quemara ni destruyera la localidad; que si así se le prometía, él indicaría la manera en que se podría tomar el lugar. Nuestro capitán así se lo prometió, como después lo cumplimos, y entonces ese cario nos indicó dos senderos en el bosque por donde podríamos entrar al pueblo; y nos dijo que él prendería fuego dentro del lugar en el momento en que nosotros atacásemos. Todo esto sucedió exactamente y pereció en esa forma mucha gente a nuestras manos; quienes quisieron escapar, fueron muertos por los yapirus. A pesar de esto pudo escapar mucha gente, pero no se pudieron llevar consigo ni mujeres ni hijos, pues los tenían a una distancia de cuatro leguas del pueblo, en medio del bosque, y la gente había huido para otro lado, a una localidad llamada Hieruquizaba, donde vivía otro principal de los carios llamado Tabaré, y que distaba ciento cuarenta leguas del referido lugar de Carahiba. Quedamos en Carahiba durante catorce días, descansando y curando los heridos; pero no pudimos perseguir a los carios que habían huido junto a Tabaré porque todo había sido devastado en el camino y no se hallaba nada que comer.

XLIII

Tuvimos entonces que volver a Nuestra Señora de Asunción y desde allí navegar aguas arribas del Paraguay hacia ese lugar llamado Hieruquizaba donde vive Tabaré. Cuando llegamos a nuestra ciudad, nos quedamos allí catorce días; durante ese tiempo nos proveímos de la munición y bastimento que precisábamos para el viaje que íbamos a realizar. Nuestro capitán tomó nueva gente, tanto cristianos como indios, pues en la referida ciudad de Carahiba habían quedado muchos heridos. En nueve bergantines y doscientas canoas, navegamos Paraguay arriba rumbo a Hieruquizaba, donde estaban nuestros enemigos. En el viaje iban cuatrocientos cristianos y mil quinientos yapirus; y así hicimos las cuarenta y seis leguas que hay entre Nuestra Señora de Asunción y esta Hieruquizaba donde se habían refugiado nuestros enemigos al huir de Carahiba. También aquel cario principal que había traicionado a los suyos en Carahiba, vino con nosotros con más de mil carios y marchó contra el cario Tabaré.

Cuando llegamos a dos leguas de ese lugar de Hieruquizaba, nuestro capitán reunió a toda la gente; entonces Domingo Martínez de Iralá mandó dos carios que marcharan junto a los otros carios y les requiriesen y aconsejaran para que volvieran a sus tierras junto con sus mujeres e hijos y que sirvieran a los cristianos como antes lo habían hecho; si no, serían arrojados del país. Tabaré, el principal de los carios, contestó a los dos mensajeros que dijeran al capitán de los cristianos que los desconocían, a él y a los cristianos, que los atacara sin más, que ellos lo echarían a pedradas; y luego apalearon brutalmente a los dos carios y les dijeron que se fueran inmediatamente, que si no serían muertos.

Cuando vinieron los referidos dos carios a nuestro campamento y refirieron a nuestro capitán la contestación de Tabaré, nuestro capitán Domingo Martínez de Irala y nosotros ya no esperamos más, formamos nuestra ordenanza, repartimos nuestra gente en cuatro secciones y marchamos contra Tabaré y carios. Así llegamos a un río que en idioma indio se llama Xejuy, ancho como aquí es el Danubio, y hondo que llega a la cintura de un hombre y en algunos sitios más. Pero este río crece mucho a su tiempo, y hace gran daño al país; no se puede viajar por tierra cuando está crecido.

Cuando quisimos cruzar el río Xejuy, estaban del otro lado del río Tabaré y su gente, y nos hicieron grandísimo daño al cruzar. Creo que a no haber sido por los arcabuces, ni uno de nosotros se hubiera salvado entonces. Dios Todopoderoso nos auxilió, y cruzamos el río. Así que llegamos al otro lado marchamos contra la aldea de nuestros enemigos, que quedaba a una media legua de camino del río; también los indios huyeron hacia allá. Cuando así lo vimos, corrimos y llegamos a la localidad al mismo tiempo que ellos y cercamos el lugar de tal manera que ya no pudo salir ni entrar nadie más; y volvimos a armarnos con paveses y hachas en la forma que ya habéis sabido antes. Acampamos delante del pueblo, pero solamente desde esa mañana hasta la noche; entonces, con el auxilio de Dios Todopoderoso, tomamos el pueblo, y vencimos y matamos muchísima gente.

Antes de atacar, ordenó nuestro capitán que no matáramos mujeres ni niños, sino que los cautiváramos; cumplimos la orden y así fue que cautivamos las mujeres y los niños y solamente matamos a los hombres que pudimos. Bien es cierto que muchos de nuestros enemigos escaparon, pero también es cierto que más tarde nuestros amigos yapirus se trajeron alrededor de mil cabezas de esos carios.

Después de ocurrir todo eso, vinieron al campamento Tabaré y otros principales de los carios, y pidieron perdón a nuestro capitán, rogando que se les devolvieran sus mujeres e hijos; dijeron que querían ser de nuevo buenos amigos como antes, y servirnos como antes nos habían servido. Cuando nuestro capitán oyó este pedido, lo acogió muy alegremente; desde entonces los carios han sido buenos amigos, por lo menos hasta que yo salí de ese país. Cuánto durará esa paz con los carios, eso no os lo puedo decir. Esa guerra duró un año y medio, y en ningún momento estuvimos seguros de esos carios. Esta rebelión y guerra de los carios ocurrió en el año mil quinientos cuarenta y seis.

XLIV

Volvimos a la ciudad de Nuestra Señora de la Asunción, y allí nos quedamos dos años íntegros. Como durante ese tiempo no había venido ningún buque desde España, ni se había tenido noticia ninguna de allá, nuestro capitán general,

Domingo Martínez de Irala, dijo a la gente que, si les parecía bien y lo creían conveniente, él y alguna gente irían tierra adentro, a ver si encontraban oro y plata. La gente aceptó y le contestó que marchase bajo la protección de Dios.

Nuestro capitán entonces hizo convocar trescientos cincuenta españoles y les preguntó si querían marchar con él; si querían, él les daría lo necesario para esa expedición, ya fueran indios, caballos, comida o lo que necesitaran. Cuando le contestaron que estaban dispuestos a ir con él, mandó convocar a los principales de los carios y les hizo decir por sus lenguas si querían darle tres mil hombres para marchar con él; éstos le contestaron que estaban dispuestos y listos para marchar con él.

Así que nuestro capitán conoció la buena voluntad de la gente, mandó a los marineros que aparejaran siete bergantines y que todo estuviera listo en dos meses, porque entonces quería ausentarse y viajar tierra adentro.

Cuando todo estuvo ordenado, nuestro capitán Domingo Martínez de Irala partió, en el año mil quinientos cuarenta y ocho, por el río Paraguay arriba con siete bergantines y doscientas canoas; otros iban por tierra con ciento treinta caballos, hasta que llegaron a un cerro redondo que se llama San Fernando, donde habitan los payaguás. Cuando todos nos reunimos al lado de ese cerro, tanto los que íbamos por

101

agua como por tierra, mandó nuestro capitán que cinco bergantines y las canoas regresaran a Nuestra Señora de Asunción, y dejó. allí a los dos bergantines restantes, al mando de un capitán llamado Pedro Díaz, con cincuenra españoles y suficientes provisiones como para dos años, con orden de esperarle hasta tanto él llegara de vuelta o hubiera noticias suyas, no fuera que le sucediese, a él o a su gente, lo que le había ocurrido al buen señor Juan Ayolas y su gente —¡Dios sea con ellos clemente y misericordioso, así como con todos nosotros! Amén—, a quienes los payaguas habían matado en la forma tan infame que vosotros habéis sabido en páginas anteriores.

Marchó entonces nuestro capitán, con trescientos hombres, ciento treinta caballos y tres mil indios carios; y durante ocho días no encontramos nación alguna. Recién al noveno encontramos unos indios que se llaman naperus, gentes altas y fuertes, que no tiene más comida que carne y pescado. Las mujeres no son hermosas y llevan las vergüenzas tapadas desde el ombligo hasta las rodillas. Allí nos quedamos solamente una noche; desde el cerro de San Fernando hasta allí hay treinta y seis leguas de camino.

De allí marchamos otras siete jornadas, hasta que llegamos a una nación que se llama Mbaya. Éstos forman un gran pueblo, con vasallos que deben pescar y labrar los campos y hacer aquello que sus señores les manden, lo mismo que allá, en Alemania, los labriegos sometidos a un señor. Tienen gran provisión de maíz, mandiotín, mandioca-pepirá, mandeporí, batatas, maní, bocaja y tantas otras raíces que no son como para ser aquí descriptas. También tienen, para proveerse de carne, muchos venados, ovejas indias domésticas y salvajes, avestruces, antas, gansos, gallinas, y otras aves que tampoco podría describir ahora. También en los bosques hay mucha miel, que usan para hacer vino. Cuanto más se interna en el país, más fértil es. Durante todo el año se encuentra cosechas de los granos y raíces que antes he mencionado. Las ovejas son grandes como un muleto y los indios las usan para llevar pequeñas cargas; también cabalgan sobre ellas si es que se enferman durante el viaje. En una ocasión, no en este viaje sino en otra parte; yo mismo he cabalgado sobre una de ellas más de cuarenta leguas, cuando estuve con un pie enfermo. En Perú se llevan sobre ellas las mercancías, como aquí en Alemania se hace con los caballos de carga.

Estos mbayas son hombres altos, hermosos y guerreros, tanto que no hacen otra cosa que estar en guerras; las mujeres son muy hermosas, y llevan sus vergüenzas tapadas del ombligo a las rodillas. Estas mujeres se quedan en casa y no van a trabajar en los campos, pues es el hombre quien busca los alimentos; ellas hilan y tejen el

103

algodón, hacen la comida y dan placer a su marido y a los amigos de éste que lo pidan; sobre esto no he de decir nada más por ahora. Quien no lo crea o quiera verlo, que haga el viaje.

Cuando llegamos allí, los referidos mbayas vinieron a nuestro encuentro cerca de una pequeña localidad que allí tienen, y dijeron a nuestro capitán, Domingo Martínez de Irala, que descansáramos y pasáramos la noche en esa localidad, y que allí nos traerían todo lo que precisásemos. Pero esto lo hicieron con picardía, para inspirarnos mayor confianza. Además, regalaron a nuestro capitán cuatro coronas de plata, de esas que se colocan sobre la cabeza, y seis planchas de plata, de un jeme y medio de largo y medio de ancho, plancha que se atan a la frente como adorno cuando parten a la guerra, a cazar o a cualquier otra diversión, tal como aquí un señor rico usa cadena de oro. También regalaron a nuestro capitán tres hermosas mujeres jóvenes.

Después que comimos en esa localidad, todo el mundo se acostó a descansar y dormir; pero primero se repartió la guardia para que la gente quedase protegida. Hacia la media noche, cuando todos estaban descansando, nuestro capitán perdió a sus tres muchachas; tal vez fuese que no pudo satisfacer a las tres juntas, porque era ya un hombre de sesenta años y estaba viejo; si en cambio hubiera dejado a las mocitas entre los soldados, es seguro que no se hubieran escapado. En definitiva, hubo por ello un gran escándalo en el campamento.

En cuanto amaneció, nuestro capitán hizo llamar a atención y mandó que todos se presentaran al cuartel con sus armas.

XLV

En esto nos asaltaron los referidos mbayas con un ejército de veinte mil hombres, pero no consiguieron nada. En este combate, ellos perdieron como mil hombres y luego huyeron. Luego los perseguimos hasta su aldea, pero allí no encontramos nada, ni mujeres ni niños.

Nuestro capitán, con ciento cincuenta arcabuceros y dos mil quinientos indios carios, marchó contra los mbayas. Marchamos durante tres días y dos noches, sin descansar para nada y parando solamente para comer y dormir cuatro o cinco horas. En el tercer día encontramos un grupo de mbayas, hombres, mujeres y niños, reunidos en un bosque; ellos ni sabían que nosotros allí estábamos, pues no eran los mbayas que nos habían combatido, sino otros que habían huido. Se dice que muchas veces el justo paga por el pecador; así sucedió aquí, pues en este combate murieron y quedaron prisioneros más de tres mil, entre hombres, mujeres y niños. Si hubiera sido de día y no de noche, ninguno de ellos se hubiera salvado, pues eran muchos más y estaban en un bosque contra un cerro. Allí conquisté para mí, como botín, diecinueve personas, hombres y mujeres jóvenes; nunca he querido gente vieja sino, por el contrario, jóvenes. Asimismo conseguí mantas indias y muchas otras cosas. Volvimos entonces a nuestro campamento y allí descansamos durante ocho días, pues era buen lugar para llenarse el vientre. Desde el referido cerro San Fernando, donde dejamos los dos buques, hasta esta nación de los mbayas, hay setenta leguas.

Entonces seguimos hacia otra nación que se llama Chané y que son vasallos o súbditos de los referidos mbayas, en la misma forma que en estos países los labriegos son vasallos de los señores.

En este camino cruzamos continuamente por campos cultivados con maíz, otras raíces y frutos, en tal forma que todo el año se tiene comida. Cuando se recoge una cosecha, ya está madura la otra; y cuando ésta está madurando, ya está sembrada la otra, para que en todo el año se tenga comida. Llegamos a una pequeña localidad de los chané, pero cuando allí estuvimos todos los indios habían huido. Como encontramos abundancia de comida, allí nos quedamos durante dos días.

De allí marchamos por seis leguas, durante dos días, hasta que llegamos a otra nación vasalla de los mbayas, que se llaman Toyanas y también hallamos alimentos; pero a ningún indio. Marchamos otros seis días, siempre sin encontrar indios en nuestro camino, pues se apartaban de la ruta para que no los viéramos, hasta que, al cabo de los seis días, llegamos a una nación llamada de los Paiyonos, que era mucha gente.

El principal de los paiyonos se nos acercó pacíficamente con su gente y pidió a nuestro capitán que no entrásemos a su pueblo, sino que se quedara allí donde estaba. Pero ni nuestro capitán ni nosotros quisimos hacer eso, sino que marchamos directamente a la aldea, les gustase o no a los indios. Allí encontramos carne en abundancia, pues había gallinas, gansos, venados, ovejas, avestruces, papagayos y conejos. Pero ahora basta de maíz, mandioca u otros frutos, pues de ellos hay abundancia; pero agua hay poca, y no tenían ni oro ni plata. Nosotros tampoco les preguntamos nada sobre el oro o la plata teniendo en cuenta las naciones que había más adelante; no fuera que huyesen ante nosotros. Nos quedamos allí durante tres días, y entonces nuestro capitán preguntó al principal de los paiyonos acerca del país. Tomamos un lengua de los paiyonos para que nos mostrase el camino y la aguada, pues hay gran carencia de agua en ese país. Desde los antes mencionados toyanas hasta estos paiyonos hay veinticuatro leguas.

Así encontramos una nación que se llama Mayáguenos, a cuatro leguas de camino de los paiyonos. Allí nos quedamos durante un día, y de nuevo tomamos un lengua para que fuese con nosotros; los indios aceptaron y nos dieron dos lenguas para que marchasen con nosotros y nos mostraran el camino; también nos dieron todo lo necesario. Partimos de ahí hacia una nación que se llama Morronos, a ocho leguas de camino de los mayáguenos, que nos recibieron muy bien en cuanto llegamos. Estos morronos son una nación grande; nuestro capitán tomó relación del país, tomamos algunos morronos para que nos enseñaran el camino a los poronos y a los dos días marchamos hacia éstos. Los poronos viven a cuatro leguas de los referidos morronos; son una nación muy pequeña con tres o cuatro mil guerreros y como el lugar era tan chico, apenas encontramos que comer; quedamos un día entre ellos. De allí marchamos doce leguas hasta que llegamos a la nación de los simenos; es una nación que, reunida, es fuerte y vive sobre un cerrito; su aldea está rodeada por un bosque espinoso, que parece un muro. Nos recibieron con sus arcos ·y flechas y quisieron echarnos dardos por comida; pero no duraron mucho y muy pronto tuvieron que abandonar el pueblo, aunque antes de dejarlo lo incendia-ron. Con todo, encontramos en los campos suficiente que comer; buscamos a los simenos por el bosque y los campos, pero no pudimos encontrarlos durante los tres días en que allí estuvimos.

XLVI

Marchamos durante cuatro jornadas hasta que llegamos a la nación de los guorconos, después de andar cerca de veinte leguas de camino. Estos no esperaban nuestra llegada y recién lo supieron cuando ya estábamos junto a ellos, y cuando quisieron huir pudimos impedirlo, y apenas lo pedimos, nos trajeron gallinas, gansos, ovejas, avestruces, venados y otros bastimentos hasta que quedamos satisfechos; permanecimos cuatro días entre ellos y tomamos relación de la tierra. Nuestro capitán tomó entonces dos indios para que nos mostrasen el camino hasta los layonos. Hicimos doce leguas durante tres días hasta llegar a esa nación; pero no tenían gran cosa para comer porque la langosta o tucu les había comido los frutos. Acampamos una sola noche y, al otro día, partimos hacia una nación que se llama los Carconos; hasta allí hay veinte leguas y caminamos durante cuatro jornadas. El tucu o langosta también había pasado por estos parajes, pero no había hecho tanto daño como en otras partes. Con estos carconos nos quedamos solamente un día y tomamos relación de la tierra; nos dijeron que no hallaríamos agua en el camino hasta llegar a una nación llamada Siberis, que vivía a treinta leguas de los dichos carconos. Así que llevamos agua para el viaje.

Partimos con dos indios para que nos enseñaran el camino, y a los seis días llegamos a los siberis; durante el viaje murieron de sed muchísimos de los indios que venían con nosotros. En algunos sitios encontramos una raíz que sale de la tierra, con hojas anchas y grandes, que se llama cardo. Cuando llueve sobre esta raíz, queda en ella el agua sin salir; tampoco se chupa sino que queda allí como quien echa agua en una tinaja. En cada raíz cabe casi un medio jarro de agua. A las dos, antes del amanecer, llegamos junto a los siberis. Cuando éstos nos sintieron, tomaron a sus mujeres e hijos y quisieron huir, hasta que nuestro capitán les hizo decir por un intérprete que se quedaran, que no tuvieran miedo, pues no se les haría mal alguno. Estos siberis también sufrían gran escasez de agua, pues hacia tres meses que no llovía y no habían tenido más bebida que la que hacen de una raíz que se llama mandioca-pepirá. De esa raíz se hace una bebida y vais a saber cómo: primero se toma la raíz y se la machuca en un mortero de madera y suelta un jugo parecido a la leche; si se le agrega agua, se convierte en un vino de mandioca. En ese lugar no hay más que un solo pozo y fue necesario ponerle guardia, y encargar a alguien que diera su ración a cada uno; y el capitán estimó conveniente darme esa tarea y yo debía dar a cada uno su ración correspondiente pues en ese viaje hubo una gran escasez de agua, tanto que uno no se preocupaba ni del oro ni de la plata, ni de la comida ni de otros bienes, pues sólo importaba el agua. En esa ocasión gané la buena voluntad y gran favor de todos, nobles o villanos, porque daba más de la estricta medida, aunque buen cuidado tuve de que a mí tampoco me faltase el agua. A todo lo largo y lo ancho del país no se encuentra más agua que la que guardan en cisternas, y los siberis pelean con los otros indios por causa del agua. Allí nos quedamos cuatro días, sin saber qué hacer: si marchar adelante o volvernos atrás. Tuvimos que echarlo a la suerte para ver cuál de los dos partidos tomábamos; la suerte resolvió que marchásemos adelante. Nuestro capitán general preguntó entonces a los siberis sobre el país y el camino, y pidió una relación; contestaron que tendríamos que marchar seis días y entonces llegaríamos a una nación que se llama los Payzunos, y que en el camino encontraríamos, para beber, las referidas raíces de cardo y dos arroyuelos.

Nos pusimos en marcha llevando los siberis que debían mostrarnos el camino, pero a las tres jornadas de camino huyeron en la noche y no supimos más de ellos; así que nosotros tuvimos que buscar y encontrar el camino, hasta que llegamos a los payzunos. Cuando llegamos, no quisieron ser amigos sino que se prepararon a la defensa; pero Dios nos ayudó a nosotros y no a ellos, y los vencimos y les tomamos su pueblo. Los indios que quedaron prisioneros nos dijeron que allí en su pueblo habían tenido prisioneros a tres españoles, uno de ellos que había sido trompa de nuestro capitán general don Pedro Mendoza, y que llevaba el nombre de Gerónimo. Estos tres españoles habían sido dejados por don Juan Ayolas, según ya habéis sabido en hojas anteriores, por estar con hidropesía. A estos tres españoles los habían matado los payzunos cuatro días antes de llegar nosotros, cuando supieron por los siberis que llegábamos, pero se lo hicimos pagar bien caro. Acampamos en ese pueblo durante catorce días y luego salimos a buscar a los payzunos. Los hallamos reunidos en un bosque, pero no estaban todos, y matamos y aprisionamos a cuantos pudimos. Tomó de ellos nuestro capitán relación del camino y nos dieron el informe que tendríamos que andar cuatro leguas de camino hasta llegar a una nación llamada de los Mayáguenos, que son dieciséis leguas de camino.

XLVII

Cuando llegamos al pueblo de los mayáguenos, se defendieron y no quisieron ser amigos. Su pueblo se encontraba sobre un cerrillo rodeado de un cerco espinoso de mucha espesura y ancho, alto como un hombre puede alcanzar con una espada en la mano. Nosotros los cristianos y nuestros indios carios tuvimos que atacar por dos sitios, y en ese ataque los referidos mayáguenos nos mataton doce cristianos y varios carios antes que pudiéramos tomar el pueblo. En cuanto vieron que entrábamos, los mayáguenos a toda prisa incendiaron ellos mismos su pueblo y huyeron, pero algunos dejaron allí el pellejo, como podéis suponer que siempre ocurre en tales fandangos.

A los tres días de esto, un grupo como de quinientos carios, con sus arcos y sus flechas, se escaparon sin que nos apercibiéramos. A las dos o tres leguas de nuestro campamento alcanzaron a los mayáguenos y pelearon con ellos con tal ímpetu que murieron como trescientos carios y un número indecible de los otros. Eran tantos los mayáguenos que ocupaban una milla entera de camino. ¡Pensad cuántos serían!

En esto llegó a nuestro capitán un mensaje de los referidos carios pidiendo ayuda pues estaban en un bosque, rodeados por los mayáguenos, y no podían marchar ni adelante ni atrás. Se apresuró nuestro capitán y mandó reunir los caballos y ciento cincuenta soldados y mil carios; el resto de los cristianos y de los carios quedó junto a los bagajes para que los mayáguenos no asaltaran el campamento mientras estábamos fuera.

Cuando los mayáguenos supieron que nos acercábamos, levantaron su campamento y huyeron; entonces quisimos perseguirlos pero no pudimos alcanzarlos. Pero cómo les fue cuando volvimos a nuestro campamento, eso ya lo sabréis. Cuando llegamos donde estaban los carios, hallamos tantos muertos, carios y mayáguenos, que quedamos admirados; nuestros amigos carios quedaron muy contentos porque habíamos ido en su ayuda. Regresamos entonces al campamento y nos quedamos cuatro días allí, pues encontramos en el pueblo de los mayáguenos abundancia de comida y todo lo necesario.

Nos pareció entonces conveniente a todos, a nosotros y a nuestro capitán, seguir el viaje y terminarlo. Como nos habían dado relación del país, nos pusimos en viaje y marchamos hacia la nación de los corocotoquis. Estuvimos en viaje unos trece días, que según nuestra apreciación y la altura del cielo debe ser como setenta y dos leguas. Al noveno día de ese viaje, llegamos a un país que, en seis leguas a la redonda, no era más que buena sal pura, tan gruesa que el campo parecía nevado; la tal sal se conserva así invierno y verano. Nos quedamos entre esa sal durante dos días, porque no sabíamos qué camino debíamos tomar; pero finalmente Dios Todopoderoso nos ayudó y encontramos el camino bueno, y cuatro jornadas después llegamos a la nación de los corocotoquis. Cuando estábamos a cuatro leguas del pueblo de los dichos corocotoquis, nuestro capitán envió una fuerza de cincuenta cristianos y quinientos carios para que nos preparasen alojamiento. Cuando llegamos al pueblo de los corocotoquis tuvimos miedo, pues en todo nuestro viaje no habíamos visto tanta gente junta; mandamos entonces a uno de los nuestros a que avisara a nuestro capitán cómo nos encontrábamos, y que viniera rápidamente en nuestra ayuda. En cuanto nuestro capitán recibió el mensaje, en seguida se puso en camino y a las tres o cuatro de la mañana ya estaba entre nosotros, sin que los corocotoquis supieran.

Cuando los corocotoquis vieron a nuestro capitán, quedaron muy tristes, pues antes habían pensado que nosotros éramos todos los cristianos y ya nos daban por vencidos. Cuando nos vieron a todos juntos, nos mostraron buena voluntad; no podían hacer otra cosa pues temían por sus mujeres e hijos y por su pueblo. Nos trajeron así mucha carne de venado, gansos, gallinas, ovejas, avestruces, antas, conejos y

115

toda otra clase de caza, tanto que no puedo des-
cribirla. También nos trajeron trigo turco y raíces de las que hay allí gran abundancia.

Nos quedamos ocho días en ese lugar, y tomamos relación de los indios, quienes nos avisa-
ron que a ochenta leguas de camino había una
nación que se llamaba de los Macasís.

Los corocotoquis —los hombres— llevan
en los labios una piedra azul, redonda, del tamaño de una ficha de damas; sus armas son dardos
y arcos y flechas, y además pavesas o rodelas hechas de cueros de anta. Las mujeres también tienen hecho en el labio un agujerito donde meten
una piedrita de cristal, de color verde o gris. Estas mujeres llevan un *tipoy*, que es una camisa
grande de algodón, pero no tiene mangas. Son
mujeres hermosas y no hacen más que coser para la casa y quedarse allí; son los hombres quienes tienen que ir al campo a procurar el alimento.

XLVIII

De allí marchamos hacia la antes dicha nación
de los Macasís y tomamos guías de entre los corocotoquis para que nos mostraran el camino.
Pero a las tres jornadas de camino, estos corocotoquis nos dejaron plantados; sin embargo seguimos el viaje, y llegamos a un gran río que se

116

llama Macasís, de una legua y medio de ancho.
Cuando allí llegamos, no sabíamos cómo cruzar tanta agua, hasta que Dios nos iluminó y
la pasamos como sigue: entre cada dos hombres
—mientras otros dos vigilaban— construimos
balsitas de troncos y ramas y nos dejamos después arrastrar por las aguas hasta la otra margen
del río. En esa ocasión se ahogaron cuatro hombres. ¡Dios sea con ellos clemente y misericordioso, así como con nosotros todos!

En este río hay muy buenos peces; también
allí hay muchísimos tigres. Este río se halla a
cuatro leguas solamente de los referidos macasís.

Cuando estuvimos a una legua de camino
de los macasís, vinieron éstos a nuestro encuentro y nos recibieron muy bien y empezaron a
hablar en español con nosotros. Cuando los
oímos, nos quedamos de una pieza y les preguntamos a quién estaban sometidos. Contestaron que a nosotros, y que su señor había sido
un caballero español que se llamaba Pedro An-
zures.

Entramos entonces al pueblo y allí vimos
que los niños, y también algunos hombres y
mujeres, estaban llenos de bichos. Estos bichos
se parecen a las pulgas y se meten entre los
dedos de los pies —con perdón sea dicho— y
comiendo llegan hasta donde pueden y se con-
vierten en un gusano grande, igual al que se en-

117

cuentra en las avellanas. Se puede sacar ese bicho de la carne para que no haga daño; pero si no se lo saca a tiempo, puede comerse los dedos de los pies. Mucho podría contarse sobre esto. Desde nuestra ciudad de Nuestra Señora de Asunción hasta este pueblo, hay, según la altura, setenta y dos leguas de distancia.

Acampamos como veinte días entre esos macasís. Entonces nos llegó una carta desde una ciudad que se llama Lima, del Perú, donde vive el supremo representante de Su Cesárea Majestad, que entonces se llamaba presidente o licenciado La Gasca. Este había hecho cortar la cabeza a Gonzalo Pizarro y a otros nobles y gente del vulgo, así como enviado a galeras a muchos, porque el referido Gonzalo Pizarro no se había querido someter y quedar en obediencia, rebelándose contra Su Cesárea Majestad. Por eso le dio tal pago el licenciado La Gasca en nombre de Su Cesárea Majestad; y con ello tal vez hizo más de lo que quería Su Cesárea Majestad, pues todos los días sucede en este mundo que uno haga más de lo que se le ha permitido y ordenado hacer, para que su Señor quede triunfante sin disputa. Para mí me tengo que si Su Cesárea Majestad, en propia persona, hubiera aprisionado a Gonzalo Pizarro, le hubiese perdonado la vida; porque hubiera comprendido que a todo el mundo le duele cuando alguien se apodera de sus bienes propios, ya que no hay duda que, delante de Dios y del mundo, esa tierra del Perú era de don Gonzalo Pizarro, pues sus hermanos, el marqués y Hernando Pizarro, habían hallado y ganado para ellos la rica tierra del Perú. Que esa tierra es rica, bien puede afirmarse, pues toda la riqueza que tiene Su Cesárea Majestad viene del Perú y de Nueva España y tierra firme. Tan grandes son la envidia y el odio que hay entre los hombres que nadie acepta y desea bien al prójimo. Así le aconteció al pobre Gonzalo Pizarro, que había sido como un rey y que sin embargo perdió su cabeza. ¡Dios sea con él misericordioso! Mucho habría que decir sobre esto, pero el tiempo no lo permite.

En la referida carta también se decía a nuestro capitán Domingo Martínez de Irala que, bajo pena de vida, no avanzara más y que se quedara donde estaba, entre los macasís, hasta recibir nueva disposición. El gobernador desconfiaba y temía que nosotros nos rebelásemos y que hiciéramos una alianza con aquellos que se habían huido y estaban en los bosques y las sierras. Así hubiera sucedido si nos hubiéramos reunido con ellos, y hubiéramos echado del país al gobernador. Pero el dicho gobernador hizo un convenio con nuestro capitán y le hizo un buen regalo, de modo que éste quedó bien contento y se aseguró que salvaba la vida; nosotros no supimos nada de esos arreglos, pues, de haberlo sabido, hubiéramos amarrado de manos y patas a nuestro capitán y así lo hubiéramos llevado hasta el Perú. Es que los grandes señores no son más que unos bellacos que, en cuanto pueden hacerlo, despojan de lo suyo a los pobres soldados.

Nuestro capitán mandó entonces al Perú a cuatro compañeros, para que vieran al gobernador. Eran un capitán llamado Ñuflo de Chaves, un tal Oñate, el tercero Miguel de Rutio y el cuarto Aguayo de Córdoba. Después de viajar un mes y medio, éstos llegaron a la primera ciudad del Perú, ciudad que se llama Potosí; la segunda se llama Cuzco; la tercera, Villa de La Plata, y la cuarta capital es llamada Lima. Estas son las principales ciudades que hay en el Perú y las más ricas; pero hay otras muchas ciudades y aldeas.

Cuando los dichos compañeros llegaron a la primera ciudad, o sea a Potosí, allí se quedaron los compañeros Miguel de Rutia y Aguayo, pues se habían enfermado; los otros dos, Ñuflo de Chaves y Oñate, siguieron la posta hasta Lima, donde vive y gobierna el gobernador del Perú. Éste los recibió muy bien cuando llegaron y escuchó la relación que le hicieron sobre el Río de la Plata y los sucesos ocurridos; luego mandó que se diera alojamiento a los dos compañeros nombrados y se les tratara bien; además les regaló dos mil pesos. El gobernador ordenó a Ñuflo de Chaves que escribiese a nuestro capitán man-

120

dándole que continuase entre los macasís aguardando nueva disposición; mandaba también que nada se les tomase a los macasís sino los alimentos necesarios. Nosotros sabíamos que los indios macasís tenían plata, pero, como estaban sometidos a un español, no pudimos hacer nada.

El correo que traía las cartas fue detenido por un español llamado Bernabé, que lo acechó por orden de nuestro capitán, porque éste temía que viniera del Perú otro capitán para gobernar a la gente en su lugar; por eso envió a Bernabé y le mandó que esperase al correo por el camino, le sacase la carta y la llevara consigo hasta el pueblo de los carios. Todo lo cual ese Bernabé hizo puntualmente.

XLIX

Tanto y tanto hizo nuestro capitán, que ya no pudimos quedarnos con los macasís. Bien era cierto que los víveres no alcanzaban ni para un mes; pero si hubiéramos sabido que ya se había dictado la providencia nombrando un gobernador, no hubiéramos partido de allí y bien pronto hubiésemos conseguido provisiones y remediado nuestra situación; pero en este mundo todo es pura maldad. Estos macasís tienen una tierra muy fértil y muy rica en granos y frutos y miel: nunca he visto, en ningún país, una tierra más fértil. Un indio toma un hacha, se va al bosque y en el primer árbol que encuentra abre un boquete: del agujero se derrama cinco o seis jarros de miel pura. Las abejas son pequeñas y no pican; esa miel se puede comer con pan o con otra cosa y de ella se hace muy buen vino, tan bueno o todavía mejor que el aguamiel que se hace aquí en Alemania.

Entonces regresamos nuevamente al pueblo de los corocotoquis. Cuando allí llegamos, éstos habían huido ante nosotros con sus mujeres e hijos, pues temían que les fuéramos una carga y que les hiciéramos daño. Hubiera sido mejor que se quedaran en su pueblo, y eso les mandamos decir por otros indios, prometiéndoles que ningún mal les haríamos, pero no quisieron hacer caso y nos mandaron decir que nos marchásemos de allí, que de no hacerlo marcharían contra nosotros con grandes fuerzas.

Cuando recibimos esta respuesta de los dichos corocotoquis, ordenamos nuestra fuerza y marchamos contra ellos. Algunos de los hombres pidieron a nuestro capitán que no hiciera eso, pues se haría gran destrucción y luego no tendríamos bastimentos para hacer el viaje al Río de la Plata; pero ni nuestro capitán ni la mayoría de la gente quiso escucharlos, y se siguió ese propósito y marchamos contra los corocotoquis. Cuando llegamos a media legua del lugar donde dichos corocotoquis estaban, vimos que habían hecho su campamento entre dos cerros con bosques en las laderas para poder huir por ellos si acaso los derrotábamos. Pero los cerros no les sirvieron para gran cosa: los que no dejaron allí el pellejo, quedaron esclavos nuestros. En esa sola escaramuza ganamos como mil esclavos, aparte de los hombres, mujeres y niños que matamos.

Ese pueblo estaba formado por cinco o seis pueblos más pequeños; allí nos quedamos durante dos meses. Seguimos marchando hacia el lugar donde habíamos dejado los dos buques, según antes he contado. Este viaje duró año y medio y estuvimos guerreando continuamente durante todo el viaje y en el camino ganamos como doce mil esclavos, entre hombres, mujeres y niños; por mi parte conseguí unos cincuenta, entre hombres, mujeres y niños.

Cuando llegamos a los buques, nos contó la gente que allí había quedado, lo sucedido en nuestra ausencia. Al partir, nuestro capitán Domingo Martínez de Irala había dejado como capitanes, para que gobernaran en su nombre y representación, a dos capitanes, uno llamado Diego de Abrigo, natural de Sevilla, España, y otro llamado Francisco de Mendoza. En nuestra ausencia, estos dos capitanes se habían peleado entre ellos y el referido Diego de Abrigo quiso gobernar él solo, cosa que el otro capitán Francisco de Mendoza no quiso aceptar. Comenzaron entonces a disputarse el hueso hasta que don Diego de Abrigo quedó dueño del campo y mandó entonces cortar la cabeza a don Francisco Mendoza.

L

Inmediatamente levantó todo el país y quiso marchar contra nosotros; comenzó por fortificar la ciudad, y cuando allí llegamos no quiso entregarla a nuestro capitán Domingo Martínez de Irala, ni reconocerlo como su capitán general. ¡Ese Diego de Abrigo! Cuando nuestro capitán Domingo Martínez de Irala supo eso, dispuso y ordenó que sitiáramos la ciudad de Nuestra Señora de Asunción; y entonces, cuando los que estaban en la ciudad vieron nuestra firmeza y que la cosa iba de veras, día tras día se pasaban a nuestro campamento y pedían perdón a nuestro capitán. Cuando el dicho Diego de Abrigo vio que no podía fiarse de su propia gente, temió traición y que una noche le asaltáramos la ciudad —cosa que hubiera sucedido seguramente—, se aconsejó con sus amigos sobre la gente que le seguía siendo fiel, y salió de la ciudad llevando consigo como cincuenta hombres. Los que allí quedaron, apenas don Diego salió, inmediatamente se pasaron a nuestro capitán Domingo Martínez de Irala, le pidieron perdón y entregaron la ciudad.

El dicho Diego de Abrigo había quedado
con sus hombres a unas cincuenta leguas de la
ciudad de Nuestra Señora de Asunción; y él y
nuestro capitán se hicieron la guerra durante
dos años, sin que nadie pudiera vivir tranquilo,
pues este don Diego no quedaba en ningún si-
tio, sino que estaba hoy aquí y mañana allá, y
nos hacía daño donde y como podía: parecía un
salteador de caminos. En suma, si nuestro capitán quería paz, tenía que empezar por hacerla
con Diego de Abrigo; así pactó un casamiento
de sus dos hijas con dos primos de dicho capitán Diego de Abrigo, que se llamaban el uno
Alonso Riquel y otro Francisco de Vergara.
Cuando se concertaron dichos casamientos, recién entonces hubo paz entre nosotros.

En esto llegó una carta para mí, enviada por
el factor de los Fugger en Sevilla, un señor Cristóbal Raisser, diciendo que le había escrito Sebastián Neithardt, a pedido de mi hermano, so-
licitándole que me ayudara a salir de las Indias y
regresar a mi país; cosa que con toda diligencia
el señor Cristóbal Raisser había procurado, por
lo cual llegó a mis manos la carta en el día veinticinco de julio, o sea Santiago, del año mil quinientos cincuenta y dos.

LI

Apenas me llegó la carta, pedí a nuestro capitán
Domingo Martínez de Irala que me licenciara.
Al principio no quería hacerlo, pero después de
considerar los años que hacía que venía sirvien-
do fielmente a Su Cesárea Majestad, las veces
que había expuesto mi vida por mi capitán general Domingo Martínez de Irala y que nunca lo
había abandonado, entonces me dio permiso.
También me entregó una carta para la Cesárea
Majestad, informando cómo estaban las cosas
en el Río de la Plata y qué había ocurrido. Dicha
carta fue entregada puntualmente por mí a los
consejeros de Su Cesárea Majestad en Sevilla, y
entonces di también buen informe y relación de
la tierra.

Cuando tuve todo arreglado para la marcha, me separé amistosamente de nuestro capitán Domingo Martínez de Irala y de otros buenos amigos y partí llevando conmigo veinte indios carios para que condujesen la comida y
todas las cosas que, según habréis de ver inmediatamente, son necesarias para tan largo viaje.
Unos ocho días antes de partir yo del país, había
llegado del Brasil un tal Diego Díaz, y trajo noticias de que había llegado allí, desde el Portugal, un barco de pertenencia del muy honorable
y discreto caballero Juan von Hielst, quien era
factor de los Erasmus Schetz en Lisboa.

126

Después de informarme bien, emprendí viaje encomendándome al Todopoderoso, partiendo de la ciudad de Nuestra Señora de Asunción el día de San Esteban, o sea el veintiséis de diciembre, del año mil quinientos cincuenta y dos.

Partí con veinte indios y dos canoas, llegando a un lugar que se llama Hieruquizaba, y que está a veintiséis leguas por tierra de la ciudad de Nuestra Señora de Asunción. En ese lugar se me juntaron cuatro compañeros, dos españoles y dos portugueses, que marchaban del país sin licencia de nuestro capitán general. Desde Hieruquizaba marchamos todos juntos hasta un pueblo grande que se llama Guarey; desde este último pueblo, seguimos adelante cuatro jornadas, es decir dieciséis leguas, hasta que llegamos a un pueblo que se llama Guaguareté; de allí seguimos otras nueve jornadas, es decir, cincuenta y cuatro leguas de camino, y llegamos a un pueblo llamado Guareté. Allí descansamos durante dos días, y buscamos canoas y bastimentos para seguir el viaje Paraná arriba, cosa que hicimos por cien leguas hasta que llegamos a un pueblo llamado Guingui, donde quedamos durante cuatro días. Esto pertenece, hasta este dicho pueblo, a Su Cesárea Majestad y es tierra de carios.

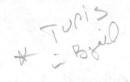

LII

Desde allí empieza la tierra del rey de Portugal, o sea de los tupís. Dejamos las canoas y por tierra marchamos hasta llegar a dichos tupís, marchando durante seis semanas por el desierto, por valles y por sierras. Muchas veces no pudimos dormir tranquilos por las fieras, que allí hay tigres. Dichos tupís se comen a sus enemigos y no hacen más que guerrear continuamente, día y noche, los unos contra los otros, y cuando toman un enemigo se lo llevan a su pueblo con grandes fiestas y procesiones como si se tratase de un casamiento. Cuando hay que matar al enemigo o al esclavo, se vuelven a repetir las fiestas. Mientras ese enemigo está prisionero, se le da todo lo que pida, ya sea una mujer para que se junte con ella o la comida que su corazón desee; todo lo que pide hasta que le llega el momento de morir. Dichos tupís no conocen otro placer que el de guerrear y emborracharse, beber día y noche y bailar; son un pueblo orgulloso, fiero y altanero. Hacen vino de trigo turco y con él se emborrachan en la misma forma que en otras partes se hace con el mejor de los vinos. Estos tupís hablan un idioma igual al de los carios; hay solamente pequeñas diferencias entre ambas lenguas.

Llegamos luego a un pueblo que se llama Cariseba, también de los tupís. Éstos guerrean contra los cristianos y contra los otros tupís que sean amigos de los cristianos. El domingo de Ramos llegamos, yo y mis compañeros, a cuatro leguas de dicho pueblo y comprendí que mucho debíamos recelar de dichos carisebas. Teníamos gran escasez de provisiones pero lo mismo decidimos seguir adelante; salvo dos compañeros que no quisieron seguir sino marchar y entrar al pueblo. Nosotros, yo y los otros tres, así como nuestros indios, no quisimos hacerlo, pero les prometimos que los esperaríamos. Pero dichos dos compañeros fueron muertos y comidos apenas llegaron al pueblo, y nuestra espera fue inútil. ¡Dios sea clemente y misericordioso con ellos así como con todos nosotros! Amén.

Entonces se acercaron como cincuenta indios de los dichos carisebas con sus armas, llevando puesta la ropa de nuestros amigos cristianos. Cuando estuvieron a treinta pasos de nosotros, se detuvieron y nos hablaron. Yo tengo muy bien sabido que cuando en esa tierra un indio se para a alguna distancia y habla, es que no tiene buena intención; así que nos armamos como mejor pudimos y estuvimos apercibidos. Les preguntamos por nuestros compañeros y dónde estaban y entonces nos contestaron que estaban en el pueblo y que fuéramos nosotros también. Pero bien les conocimos la astucia, y no quisimos ir allá. Al ver que no podían engañarnos, dispararon sus flechas contra nosotros y en seguida huyeron para su pueblo, volviendo luego, y eran entonces como seis mil hombres. Cuando así nos vimos, nos amparamos en un bosque; no éramos más que cuatro cristianos con nuestros cuatro arcabuces y teníamos también cerca de sesenta carios que habían venido con nosotros de la ciudad de Nuestra Señora de Asunción. Durante cuatro días y cuatro noches nos mantuvimos en ese bosque, tirando día y noche; hasta que la cuarta noche salimos ocultamente del bosque, a eso de la medianoche, porque teníamos poca comida. Además, si nos hubiéramos quedado más tiempo los indios hubieran terminado por ser más fuertes que nosotros, porque, como lo dice el refrán: "Cuando los perros son muchos, la liebre no tiene escapatoria".

De allí marchamos durante seis jornadas hasta que llegamos a una nación que se llama Viaza. Durante ese camino nunca salimos de la selva y el camino era tan enmarañado como en mi vida he visto otro, y eso que he andado por muchas partes y he caminado muchas leguas.

Como no teníamos otra cosa que comer, tuvimos que alimentarnos, tanto cristianos como indios, con miel y raicillas salvajes que encontrábamos en el bosque; pues no teníamos tiempo para acechar un animal y cazarlo, pues temíamos que los tupís nos persiguieran y pudieran alcanzarnos.

Cuando llegamos al país de los viazas, allí

acampamos y descansamos durante cuatro días sin llegar hasta el pueblo pues éramos pocos y recelábamos de los indios.

En este país de los viazas se encuentra un río que se llama Uruguay. En ese río hemos visto unas víboras enormes, largas como de catorce pasos y tan gruesas en el centro que un hombre no podría abarcarlas con sus brazos. Tales serpientes se llaman, en idioma indio, Schue ewaie katue. Estas serpientes matan a los indios, y también cazan y comen venados, antas y otros grandes animales que viven en el país. Cuando éstos, sean hombres o animales, se acercan al río para beber o para nadar de una a otra orilla, entonces la serpiente viene nadando por abajo del agua y los come. De todo esto yo y mis compañeros damos fiel testimonio, así como pueden darlo los demás cristianos que allí han estado.

De allí marchamos adelante durante un mes, e hicimos cien leguas de camino, hasta que llegamos a un pueblo muy grande que se llama Yerubatiba. Allí nos quedamos durante tres días pues estábamos rendidos de cansancio por nuestro camino; además no habíamos tenido casi alimentos y habíamos comido casi solamente miel, y toda nuestra gente venía muy enferma. Pensad cómo debió ser ese viaje tan largo, la mala vida que llevamos, muy especialmente en lo relacionado con la comida, la bebida y el descanso. Uno debe llevar consigo su propia cama, que era de algodón y pesaba cuatro o cinco libras y estaba tejida como una red de pescar. Cuando uno quiere descansar, la ata entre dos árboles y se acuesta bajo el cielo azul; pues cuando pocos cristianos marchan por países de indios, es mucho más seguro pasar la noche en un bosque que en las casas o pueblos de los indios.

Entonces marchamos hasta un pueblo que pertenece a los cristianos y cuyo jefe se llama Juan Ramallo. Este pueblo es una verdadera cueva de ladrones. Tuvimos la fortuna de que el jefe no estuviera en el pueblo sino reunido con otros cristianos de San Vicente, haciendo uno de esos acuerdos que de tiempo en tiempo hacen.

Entre los que viven en San Vicente y en los otros pueblos cercanos, hay como ochocientos cristianos, todos súbditos del rey de Portugal. Este Juan Ramallo no quiere vivir sometido al rey de Portugal o a su representante en el país, pues dice y declara que hace más de cuarenta años que está en las Indias y que ha ganado las tierras y que por ello nadie sino él tiene que gobernarlas. Por eso le hacen la guerra, y este Ramallo puede reunir en un solo día como cincuenta mil indios, mientras que el rey y su lugarteniente no pueden reunir ni dos mil.

Los hijos de dicho Juan Ramallo nos recibieron muy bien; pero sin embargo teníamos mayor recelo cuando estábamos entre ellos que

132

cuando estábamos entre los indios. Pero todo salió bien, por lo cual doy ahora especiales gracias a Dios Todopoderoso.

LIII

Seguimos entonces nuestro camino hasta la antes nombrada villa de San Vicente, haciendo las veinte leguas de camino que hay entre ambas. Llegamos allí el día trece de junio del año mil quinientos cincuenta y tres, o sea el día de San Antonio. Allí encontramos un buque del Portugal cargado de azúcar, palo de Brasil y algodón, que pertenecía al referido señor Juan von Hielst, factor de los Erasmus Schetz en Lisboa. Este señor tiene a su vez un factor en San Vicente, quien se llama Pedro Rossel, y son propietarios de muchas tierras y aldeas en las Indias, y también hacen azúcar. Dicho señor Pedro Rossel me recibió muy amistosamente, me honró en toda forma e hizo cuanto fue necesario para que yo pudiera partir lo antes posible, para lo cual me recomendó al capitán del referido barco y le dijo que me tratase como si yo fuera él mismo; cosa que después hizo dicho capitán sin que yo pueda decir ni una palabra de queja.

Nos quedamos en San Vicente durante once días, mientras el barco se proveía de todo lo necesario para el viaje, en comida, bebida y otras cosas. Mientras, descansábamos de nuestro viaje, pues de la ciudad de Nuestra Señora de Asunción a dicha ciudad de San Vicente hay cuatrocientas setenta y seis leguas de camino, que hemos hecho en seis meses.

Cuando todo estuvo listo, partimos de dicha ciudad de San Vicente el día veinticuatro de junio, o sea día de San Juan, del año mil quinientos cincuenta y tres. Durante catorce días que estuvimos en el mar, no hubo uno solo en que no tuviéramos vientos espantosos, tormenta y tempestad, hasta que se rompió un mástil y tuvimos que volver a tierra. Nuestro buque hacía mucha agua; también por eso volvimos a tierra y llegamos a un puerto donde hay una ciudad que se llama Espíritu Santo. La ciudad está en el Brasil de las Indias, y pertenece al rey de Portugal; los cristianos que allí viven son todos portugueses, y ellos hacen azúcar, tienen algodón, palo Brasil y todas las cosas que se encuentran en el país.

En este mar, entre San Vicente y Espíritu Santo, se encuentran a menudo ballenas, que causan gran daño. Cuando viajan buquecitos de uno a otro puerto, se ven grandes cantidades de esas ballenas, que pelean unas con otras y a veces ocurre que cuando lo hacen cerca de esos buquecitos, los hacen zozobrar junto con todos sus tripulantes. Eso que dichos buquecitos a ve-

134

ces no son tan chicos sino que son grandes como las naves de alto bordo.

También esas ballenas vomitan por la boca y arrojan una gran cantidad de agua, tanta como puede caber en un buen tonel de Franconia; arrojan esa agua continuamente, pues no hacen sino hundir la cabeza y volverla a sacar afuera. Así lo hace la ballena día y noche y quien la ve en el agua cree que es un peñasco. Mucho habría que decir de este pez, así como de otros muchos que allí viven y que son gran maravilla. Hay otro pez grande que en español se llama pez-sombrero; es indescriptible la faena y la bravura de ese pez. Basta decir que en algunas partes hace gran daño en los buques, pues se arroja contra ellos con todo su ímpetu, cuando el buque está inmóvil porque no hay viento, y le da tal golpe que todo tiembla a bordo. En seguida hay que echar al mar uno o dos toneles grandes, y en cuanto el pez los ve comienza a jugar con ellos y deja en paz al buque. También hay otro pez muy grande que se llama pez-espada, que hace mucho daño a los otros grandes peces. Cuando estos peces pelean entre sí, parece una pelea entre dos caballos bravos, en que uno va contra el otro y saltan y se acometen. Hay otro pez grande y malo, que en pelear es superior a todos los otros peces, y que se llama pez-sierra; todavía hay otros muchos peces de los que no he de tratar ahora, tales

135

como los peces voladores y otros grandes peces que se llaman toninas.

LIV

Navegamos por el mar durante cuatro meses, sin ver tierra de ninguna clase, y navegamos día y noche con buena derrota, hasta que llegamos a una isla que pertenece al rey de Portugal y que se llama Isla Tercera. Allí volvimos a cargar pan, carne, agua y todo lo necesario, y después de dos días volvimos a partir.

Estuvimos catorce días en viaje y el día de San Gerónimo, o sea el treinta de septiembre del año mil quinientos cincuenta y tres, llegamos a Lisboa. Allí quedé por catorce días, y se me murieron dos de los indios que me había traído esclavos desde las Indias. De allí marché por posta a Sevilla y llegué en seis días. Quedé en Sevilla cuatro semanas, hasta que estuvieron aparejados y dispuestos los buques que debían navegar a Amberes. De Sevilla fui por agua a San Lúcar; de allí hice una jornada por tierra y llegué a una ciudad que se llama Santa María; hice de allí ocho leguas por mar y entonces llegué a Cádiz, donde estaban los buques que debían navegar a Holanda. Éstos eran veinticinco grandes buques, de esos que se llaman urcas. Entre esos veinticinco buques había uno muy hermoso y nuevo que estaba haciendo el primer viaje de Amberes a España, y los comerciantes alemanes me aconsejaron que viajara en ese buque. El patrón se llamaba Enrique Schetz, de Amsterdam, y era hombre cumplido y bueno. Hice mis arreglos con el capitán, convino el pago del pasaje, la comida y todas las otras cosas necesarias para ese viaje, y llegados a un acuerdo hice subir al buque, esa misma noche, todas mis cosas, también vino y pan y hasta mis papagayos que me había traído de las Indias. Convine con el capitán que él me avisaría cuando yo debía ir a bordo, y él nos prometió, a mí y a mi buen amigo Juan Podien, de Cádiz, que me avisaría y que nunca saldría sin mí. Pero la suerte quiso que esa noche el patrón bebiera de más, y me dejara olvidado en la posada. Dos horas antes de amanecer, el piloto de su buque hizo levantar anclas y cuando a la mañana me levanté ya estaba el buque a una legua de distancia de la costa. Cuando vi esto, no tuve otro recurso que buscar otro capitán y otro buque, y pagar de nuevo tanto como ya había dado al otro capitán. Salimos en seguida con los otros buques y durante tres días tuvimos buen viento; pero entonces se levantó un gran viento contrario, tan fuerte que no pudimos seguir adelante y aun estuvimos en gran peligro, esperando siempre bonanza, hasta que no pudimos estar más y desandamos el camino que habíamos hecho.

Es costumbre y práctica del mar que cuando navegan varios buques juntos, marineros y patrones nombran un almirante que mande a todos los navíos y que lo que él mande sea obedecido por todos, y los patrones y marineros tienen que jurar que le obedecerán y que no se separarán. Ello era porque Su Cesárea Majestad había dispuesto que no debían viajar de España a Holanda grupos de menos de veinte navíos, por causa de la guerra con el rey de Francia. También es costumbre del mar que ningún patrón debe alejarse más de una legua de otro, y que al salir o al entrar el sol todos deben reunirse y dos veces por día señalar al almirante dónde están, saludándole con tres o cuatro tiros de cañón. El almirante debe llevar en su buque dos linternas de hierro, que se llaman faroles. Durante toda la noche esos faroles están encendidos y puestos en la parte de atrás de su buque, para que todos los vean y naveguen tras esa luz sin perderse ni separarse. Todas las noches el almirante informa a los demás qué viento y dirección piensa tomar, de modo que si hay tormenta los otros sepan adónde dirigirse y no se pierdan los unos de los otros.

Cuando tuvimos que volver al puerto, por causa de la tormenta de que hablé antes, ese buque de Enrique Schetz, el mismo que me había dejado en tierra y que tenía a bordo todas mis cosas, venía el último de todos los buques. Cuando llegamos a Cádiz estaba todo muy oscuro, así que una legua antes el almirante hizo colgar sus linternas de modo que los demás pudieran seguirle. Cuando llegamos a la ciudad, cada patrón largó sus anclas y el almirante hizo sacar las linternas.

En ese momento, y por desgracia para Enrique Schetz, alguien prendió una hoguera en tierra al lado de un molino y a una distancia de tiro de arcabuz de Cádiz. El dicho Schetz navegó derechamente hacia esa lumbre, creyendo que era el farol del almirante, y cuando iba hacia allá chocó con fuerza contra los peñascos que había en el mar. En cuanto dio contra las rocas, el buque se hizo cien mil pedazos, en tal forma que ni uno quedó junto a otro; gente y carga se fueron al fondo en menos de un cuarto de hora y se ahogaron veintidós personas, salvándose solamente el capitán y el piloto que pudieron tomarse de un trozo de mástil. Con el buque se hundieron seis grandes cajas de Su Cesárea Majestad, que contenían oro y plata, y gran cantidad de mercadería. Doy gracias a mi Salvador y Redentor, loor y eternas gracias al ampararme impidiéndome que viajara en ese buque.

LV

Nos quedamos dos días en Cádiz y el día de San Andrés volvimos a iniciar el viaje a Amberes. En este viaje tuvimos tormentas y tempestades tan grandes que los mismos marinos decían que en veinte años no habían visto tiempo igual, con tan horribles y tan largas tempestades. Llegamos luego a Inglaterra, a un puerto que se llama Wight, con los buques que ni velas tenían (vela es una lona que se cuelga en los mástiles), ni aparejos, ni la menor cosa; si el viaje hubiera sido más largo, no se hubiera salvado ni uno solo de los veinticuatro buques.

Además, el día de los Santos Reyes Magos del año mil quinientos cincuenta y cuatro, se hundieron ocho buques con su carga y su gente; estos buques se perdieron entre Francia e Inglaterra y fue tan espantoso que no se salvó ni un solo hombre. Dios los favorezca a esos ahogados con su gracia y su perdón divino y los reciba en su seno.

Quedamos en dicho puerto de Wight durante cuatro días, y de allí navegamos hacia Brabante, llegando a Arnemuiden, ciudad de los Países Bajos, donde anclan los grandes buques, y de allí a Amberes que está a veinticuatro leguas de la anterior, y llegamos el veintiséis de enero del año mil quinientos cincuenta y cuatro.

¡LOOR Y ETERNAS GRACIAS A DIOS POR CONCEDERME TAN PRÓSPERO Y FELIZ VIAJE!